안익준, 대통령 만들기

- 누가 '공정'을 구현할 것인가 -

안익준 지음

윤석열   VS   이재명

- 시대정신 -
공정
AI시대를 선도하기 위한
패러다임의 대전환

안익준, 대통령 만들기
- 누가 '공정'을 구현할 것인가 -

1판 1쇄 발행 : 2021년 3월 29일
1판 2쇄 발행 : 2021년 4월 20일

지은이 : 안익준

디자인 : 깨몽디자인

펴낸 곳 : 하움출판사
펴낸 이 : 문현광
주소 : 전라북도 군산시 수송로 315 하움출판사
이메일 : haum1000@naver.com
홈페이지 : haum.kr

ISBN 979-11-6440-767-5 03340

좋은 책을 만들겠습니다.
하움출판사는 독자 여러분의 의견에 항상 귀 기울이고 있습니다.

미래를 예측하는 가장 확실한 방법은

미래를 창조하는 것이다.

- 에이브러햄 링컨 -

목 차

프롤로그   006

Ⅰ. 대통령의 탄생   017

    누가 대통령이 되는가   018
    대통령다워 보인다는 것   031
    대통령은 어떻게 만들어지나   039
    무엇이 대통령을 만드는가   049

Ⅱ. 대통령선거의 패턴과 결   073

    역사는 반복된다   074
    프레임   084
    투표의 원리   090
    선거는 여자심리다   104

Ⅲ. 시대정신   111

    지도자에게 달려있다   112
    공정   116

AI시대를 선도하기 위한 패러다임의 대전환 126

Ⅳ. 안익준, 대통령 만들기 140

일체유심조_一切唯心造 142
슬로건 144
윤석열 대통령 만들기 150
이재명 대통령 만들기 165

Ⅴ. 제안 187

공약 정책 제안 188
역사를 두려워해야 219

Ⅵ. 천기누설 225

거인의 어깨에 앉아보니 226

에필로그 238

프롤로그

100년 전 일제 강점기 독립운동가들에게는 아마도 완벽한 자기 확신이 있었으리라. 일본군은 적이고 나는 지금 숭고한 독립전쟁을 수행하고 있는 것이라는. "내가 잘못 생각하고 있을지 모른다. 일본이 선善이고 내가 악惡일 수도 있는 거 아닐까?" 이런 회의懷疑는 절대 없었으리라 믿는다.

한편, 70여 년 전 6·25전쟁에선 그렇지 않았으리라고 생각한다. 남이든 북이든 어느 편이었든 간에 서로 총부리를 겨누고 쏘면서 들었던 생각은, 독립운동가들의 그것과는 상당히 달랐으리라. 그냥 내가 살기 위해 이러고 있는 거지. 이념이고 뭐고 저쪽도 나처럼 별생각 없는 민초民草일 수 있는데 이건 잘하는 짓이 아닐 수도 있다는 생각.

2001년 〈노무현 대통령 만들기〉라는 책을 썼다. 그때의 느낌은 감히 비유하자면 일제 강점기 독립운동가들이 가졌던 자기 확신이었다. 노무현이 대통령 되는 것이 절대선絕對善이었다. 이회창, 정몽준은 악惡이었고 따라서 무찔러야 할 적敵이었다. 반드시 노무현이 대통령이 되어야만 했다. 그래서 내가 이역만리에서 졸작拙作이라는 부끄러움도 잊은

채 〈노무현 대통령 만들기〉라는 제목을 떡 붙인 책을 썼고 출간하였다.

그런데 개인사個人史가 나라 역사처럼 반복되기에 이른다. 2021년 '대통령 만들기'라는 주제로 또 책을 쓰게 된 것이다. 역사가 반복된다는 개념은 이 책을 관통하는 생각이기도 하다. 출판사의 권유와 구체적인 제안이 있었음도 한몫했지만, 지금 나라 돌아가는 모양이 펜을 들고 싶게 했다. 그런데 막상 펜을 쥐고 보니 2001년 노무현을 만들고자 했던 때와는 상당히 다른 상황임을 깨달았다. '절대 선'이 없었다. 이번에도 어떤 유력 후보가 맘에 들어오긴 했지만 이내 회의가 들었다. 구체적 대안을 만들고 그 전략을 짜는 것이 전문인 나로선, 그 구체적 대안 부분에서 막히게 된 것이다. 현 정권의 실정失政 그리고 미래의 대한민국에 대해 뭔가 말하려고 한 것까지는 좋았는데 '노무현'을 도중에 잃어버린 것이다.

나는 전략가다. 경영 분야에선 마케터이고, 실물 경제에 직접 몸담고 있는 사업가이기도 하다. 그러므로 구체적이고 실질적인 대안을 제시하는 것에 익숙하다. 현장에서는 모두 실전實戰이다. 삐끗하면 뒤처지거나 날아가는 기회를 쳐다보고 땅을 쳐야 하는 실전, 획기적 기획과 실행이 기적을 만드는 짜릿함이 있는 실전 말이다.

나는 학자도 아니고 정치 평론을 업業으로 삼고 있지도 않다. 따라서 두루뭉술한 예상과 이럴 수도 있고 저럴 수도 있다는 식의, 빠져나갈

여지 다 남겨 놓는 책임 없는 글을 쓸 이유가 없다.

대통령 선거란 이런 것이라는 스타일의 책만 쓰려 했다면, 나 말고도 다른 사람들이 더 적당하게 만들 수 있었으리라 생각한다. 책을 쓴다는 것은 다음 두 가지에 대해 답할 수 있어야 한다고 배웠다. 첫째, 지금 그 책이 세상에 꼭 필요한가? 둘째, 그것을 꼭 내가 써야 하는가? 이 두 가지 질문을 자신에게 하고 가슴에 손도 얹어야 한다. 나도 그랬다. 그러고 나서 책을 준비하기 시작했다. 그리고 이 자리를 빌려서 고백한다. 책을 탈고하기까지 가슴에 손을 백 번도 더 얹었다는 사실. 과장 전혀 없다. 진심이었다. 그간 책 다섯 권을 내면서 이렇게 어렵게 쓴 책은 처음이었다.

'노무현'이 보이지 않는다면 이런 전략서는 내봐야 의미가 없는 것 아닌가. 분석 위주의 책은 나와 어울리지 않고, 전략을 세우고 구체적인 제시를 하고 실전 기획을 하려는데 '노무현'이 없다니. 남자 없이 애 낳으려는 시도와 다를 바 없다고 생각했다.

그런데 정치는 최선最善이 아니면 차선次善, 차선次善도 없으면 차악次惡을 선택하는 것이라고 했다. 6·25가 다시 일어나지 않는 한 2022년 3월 9일 대한민국 대통령 선거는 실시되고 누군가 당선된다. 그리고 그는 5년 동안 대통령으로서 대한민국의 운명을 좌우할 힘과 권한, 책임을 갖게 된다. 나아가 더 중요한 사실도 있으니 바로 눈에 보이는 임기는 5년일지라도 대한민국의 미래에 미치는 영향은 적어도 50년이라는 것이다.

나는 〈노무현 대통령 만들기〉를 쓰고 나서 정치와는 전혀 관계없는 삶을 살다가 몇 년 전 국회의원 선거에 '개입'한 적이 있었다. 일면식도 없는 세 명의 후보자였는데 모두 의미 있는 도전을 하는 케이스였다. 미력하나마 전략과 아이디어를 통해 돕고 싶었다. 책을 썼다. 그런데 출간 직전 그들로부터 연락이 왔다. 이 책은 전략서인데 박빙의 대결이 펼쳐지고 있는 상황에서 상대가 책 속에 포함된 전략이나 아이디어를 알 필요가 있느냐는 것이었다. 출간하지 않았으면 좋겠다는 뜻이었다. 흔쾌히 동의했다. 자신들 캠프에서만 참고하고 반영하겠다는 건데 본래 책을 쓴 취지와도 맞기에 그렇게 해줬다. 우연히도 세 후보 모두 근소한 차이로 당선되었다. 언론에서도 그 당시 총선에서 가장 의미 있는 당선자들이라고 연신 수많은 기사가 났다.

내가 제안한 전략들이 그들의 선거에 결정적 역할을 한 것이라고 내 입으로 말할 순 없다. 그러나 박빙의 결과가 나왔기에 꽤 뿌듯했다. 내가 결정적 역할을 한 것으로 생각하고 쾌재를 부르는 시간을 혼자 조용히 가졌다. 물론 그들이 나중에 어떤 정치인이 되었는가는 별개의 문제다.

내겐 이번 대통령 선거도 큰 틀에서 보면 그 당시와 비슷하다. 내가 지지하는 사람이 당선되면 좋겠다. 다만, 이건 일개 국회의원 만드는 일이 아니다. 그리고 글 쓰는 현재로선 후보가 확정되지도 않았다. 게다가 이 책의 핵심 인물 두 명이 모두 대통령 선거 본선에 나가지 못할 수도 있다. 그런데 오히려 이런 상황들이 나에게 뭔가를 하고 싶게 만들었다. 그 뭔가는 당연히 대통령 만들기 전략 수립이다.

발상의 전환을 했다. '노무현'이 안 보이기도 했지만, 패러다임을 전환할 필요성도 느껴졌다. 그것은 사람 중심이 아니라 시대정신을 기준으로 대통령 선거를 바라보는 것이었다. 누가 대통령이 되어야 하는가가 아니라 누가 시대정신을 잘 구현할 것인가로 바꿔 생각해보게 되었다.

그렇게 생각하게 된 데에는 현재 대한민국이 처한 상황들이 한몫했다. 이대로 가다간 나라는 안 망할지 모르지만 전 국민이 각자도생하면서 외줄 타는 느낌의 위태위태한 삶을 살고 행복하지 않은 사회가 되어 갈 것이다. 자살률 세계 1위는 압도적 1위로 심화될 것이고 출산율은 0.5명을 향해 떨어져 갈 것이며 그것도 주로 부모 잘 만난 사람들이 낳는 애들일 것이다. 청년들은 결혼해서 애 낳고 싶어도 직장과 집이 가로막을 것이고 직장과 임대 주택이 있어 봐야 계층과 보이지 않는 계급이 형성된, 공정公正하지 못한 사회에서 자식에게까지 가난과 비굴함을 물려주고 싶지 않으니 애를 낳지 않게 될 것이다. 애를 안 낳는다기보다는 결혼을 할 여건이 안 되어 결혼을 포기하게 되니 애를 못 낳는 것으로 봐야 한다. 예상이 아니라 이미 시작됐고, 문재인 정권 아래서 심화되고 고착되고 가속화되고 있다는 것이다. 지금 상황이 그대로 이어진다면 우리나라에서 가장 어렵다는 행정고시에 합격하고도 월급만 받아선 정년퇴직할 때까지도 직장 근처에 애 둘 키울 만한 아파트 하나 사는 것조차 불가능하다. 만약에 이런 현실이 바뀌지 않는다면 우리나라는 망할 것이고 망할 수밖에 없다.

이미 '루비콘강'을 건넌 것은 아닐까 우려도 되지만 그래도 이대로 대한민국호가 침몰하는 걸 무기력하게 보고만 있을 수는 없는 노릇 아니겠는가.

그렇다면 어디에서부터 시작해야 할까? 가장 근본적인 문제가 무엇일까? 깊게 고민하지 않아도 답은 나와 있었다. 대한민국 사회의 구석구석에서 '공정'에 목말라 하고 있었다. 어느 한 분야 예외가 없었다. 분야 차원이 아니라 공정에 대한 필요성은 마치 공기처럼 국가와 사회 전체를 지배하고 있었다. 국가와 사회 발전을 가장 크게 가로막고 있는 것이 '불공정'이었던 것이다. 계속 방치했다가는 우리 사회는 '산소' 부족으로 질식사할 것이 확실해진 셈이다.

'공정'이라는 개념이 시대정신으로 부상할 수밖에 없게 된 것이다.

'히딩크'가 필요하다

1998년 대한민국은 프랑스 월드컵에서 네덜란드에 0:5 대패를 당했다. 2패로 조별리그 탈락이 확정된 가운데 대한축구협회는 차범근 감독을 대회 도중에 경질해 버린다.

그로부터 3년 후, 우리나라 월드컵 축구대표팀 감독으로 부임한 이는 바로 프랑스에서 우리에게 0:5 패배를 안겨줬던 네덜란드의 당시 감독 히딩크였다.

히딩크는 부임하자마자 불과 1년 4개월 남은 월드컵을 앞에 두고 선수단의 근본적인 체질을 바꾸는 시도를 한다.

첫째, 고질적인 축구계 파벌을 없앴다. 애초 히딩크는 한국이라는 나라에 대해서도 몰랐고 한국 축구계에 대해서도 몰랐다. 히딩크는 그냥 축구만 알았다. 어떻게 하면 이길 수 있는가 그것만 생각했고 그게 기준이었기에 선수 선발에 있어서 실력 이외의 것은 완벽하게 무시되었다. 심지어 주장이자 선수들의 정신적 지주라 불리던 홍명보를 대표팀에서 탈락시킨 적도 있었다. 오직 실력과 팀 공헌도로만 판단했고 과감히 적용했다. 그렇게 할 수 있었던 데는 계약서 조항과 과거 성과가 바탕이 되었다. 어쨌든 우린 그에게 4년 전 0:5로 대패했었으니까. 그리고 하나 더 있었다면, 히딩크는 우리나라 그 누구와도 빚진 감정이라든가 개인적 인연 같은 것이 없었다.

둘째, 한국 축구의 문제를 전혀 다르게 봤다. 기술적인 문제라고, 감독 전략상의 문제라고, 선수들 개인 실력 부족이라고 모두 생각하던 때였다. 그러니 프랑스에서 전쟁 수행 중인 장수를 갈아버리지 않았던가 말이다. 히딩크는 모두의 예상을 깨고 체력을 제일 근본적인 문제로 봤다. 그리하여 선수들은 우리나라 최고 선수들임에도 다시 초심으로 돌아가 기초체력훈련에 집중해야 했다. 이는 본선에서 연장전을 몇 번이나 치르고 또 그때마다 승리를 거두게 된 원동력이 되었음은 두말할 나위가 없었다.

월드컵 4강 신화는 그렇게 만들어진 필연必然이었다.

나는 지금 대한민국에 필요한 정치지도자는 '히딩크'라고 생각한다. 정치판에서 닳고 닳은 정치꾼이 아니어야 한다고 믿는다. 이리 재고 저리 재는 기회주의자가 아니라 그야말로 원칙과 소신을 갖고 국민과 미래만 보고 사심 없이 밀고 나갈 대통령이 필요하다.

그리하여 장차 '히딩크'는 당선 후 취임하자마자 히딩크가 체력훈련으로 기초를 닦아 근본적인 체질 개선을 이뤘듯 시대정신인 '공정'을 사회에 과감하게 뿌리내리는 대대적인 작업에 착수했으면 좋겠다.

이 글을 쓰는 2020년 2월 현재, 당선 가능성이 있는 인물 중에선 윤석열과 이재명에게서 '히딩크'가 될 자질을 본다. '공정'이라는 시대정신을 누가 더 사회에, 나라의 모든 영역에 넓고 깊게 자리 잡고 스며들게 할 것이냐의 기준으로 판단했다. 서로 서운해할지 모르겠지만 용호상박龍虎相搏이다.

물론, 정치라는 게, 대통령이란 자리가 그런 단순한 기준만으로 판단되는 것은 무리일 수 있다는 사실을 잘 안다. 그러나 축구도 그리 단순하진 않다. 더군다나 월드컵에서 유럽 최강팀을 연속 네 팀이나 이긴 나라는 세계적으로도 드물고 동양에서는 비슷한 사례조차 없다.

지금 대한민국 상황은 '마법'이 필요할 정도로 악화되어 가고 있다. 이를 바로 잡으려면 근본치유 처방이 필요하다. 나는 그것을 '공정'으로 보았고 그것만이 우리나라를 진짜 세계 4강으로 이끌 원동력이라고 믿는다. 그리고 역으로 지금 이 난국을 치유하고 돌려 바로 세우지 못한다면 우리나라는 겉으로는 발전하는 것 같지만 속으로는 곪아가는 불행한 개인들로 가득 찬 사회가 될 것이다.

Ⅰ. 대통령의 탄생

누가 대통령이 되는가

1. 하늘이 낸 자

이승만, 박정희, 전두환, 노태우, 김영삼,
김대중, 노무현, 이명박, 박근혜, 문재인.

한 명 한 명 눈을 감고 이들의 인생을 떠올려본다. 하늘이 냈다는 말
이 전혀 어색하지 않다. 대통령이 된 후의 일은 차치하고, 당선되기까
지만 놓고 보면 누구 하나 비범하지 않은 인물이 없다.

◇ 이승만

고종 폐위 사건에 연루되어 사형을 선고받고 수감 중 탈옥을 시도하
다 실패해서 모진 고문을 당한다. 같이 탈옥을 시도한 이는 사형이 집
행되고 이승만은 증거 부족으로 종신형으로 감형된다. 그리고 무려 5년
7개월 동안 감옥에서 온갖 고생을 다하고 사면을 받게 된다. 그 후 선교
사들의 도움으로 미국 유학길에 오른다. 대한민국의 운명이 그의 유학
길에서 바뀌게 된 셈이다.

◆ 박정희

군내 좌익 활동으로 총살 예정되어 있었으나 사형 집행 열흘 전 사면 된다. 아무리 같이 좌익 활동을 한 장교들의 이름을 다 알려주고 풀려난 것이라고는 하나, 그래도 자백과는 별개로 사형이 예정되어 있었다. 6·25의 가장 큰 수혜자는 개인으로는 박정희가 아닌가 싶을 정도로 사상에 대한 군내軍內의심을 완전히 거두게 했다.

◆ 전두환과 노태우

이 두 사람은 6·25 때 나이까지 속여가면서 학도병으로 참전했다. 5·16 때도 박정희를 전폭 지지하면서 의미 있는 공을 세웠다. 베트남전쟁에서도 실전에서 상당한 공을 세운다. 12·12 쿠데타 성공이 거저 굴러들어온 것이 아니었던 것이다.

◆ 김영삼

일제 강점기 국민 대부분이 대통령이란 단어도 들어보지 못했을 때, 1927년생 중학생이 '미래 대통령 김영삼'이라고 하숙집 책상 앞에 붙여 놓았었단다. 당시 아마 전국에서 단 한 명밖에 없었으리라. 10·26이 일어나지 않았더라면 김영삼은 박정희에게 암살당했을 것이다. 부마사태를 탱크로 쓸어버리면서 김영삼도 같이 제거하려 했다.

◆ 김대중

박정희는 김대중을 두 번이나 직접 암살하려 했다. 일본과 미국 정보

당국의 적극적인 구출 의지가 없었다면 김대중은 현해탄에 수장되었을 것이다. 전두환도 김대중에게 사형 선고를 내리고 옥에 가둔다.

◇ 노무현

2002년 3월 16일 광주경선부터 대선일 12월 18일까지 노무현과 대한민국을 돌아보면 정말 대한민국 대통령은 하늘이 내는구나 하는 생각을 하지 않을 수 없다.

◇ 이명박

우리나라 최초 샐러리맨 신화의 주인공이다. 12월 19일은 이명박 본인의 생일과 결혼기념일, 그리고 대통령 당선일이다.

◇ 박근혜

탄핵 되기 전까지 박근혜는 지지자들에게 여신女神이나 마찬가지였다. 아버지가 반신반인半神半人으로 불리기까지 했으니 별로 어색하지도 않다.

◇ 문재인

노무현의 원혼이 하늘에서 돕는 듯한 느낌마저 든다. 촛불집회, 박근혜 탄핵, 문재인 당선, 남북미 판문점 회담 후 지방선거 사상 유례없는 압승, 총선 때 코로나 대응 호평 최고조.

대부분이 일반인들과는 비교하기 힘들 정도의 비범한 인생을 살아온 분들이다. 그런데 전체적으로 변화의 흐름이 있는 것을 느낀다. 이승만 쪽으로 갈수록 인물에 초점이 맞춰지고 최근으로 올수록 왜 대통령이 되려는가에 초점이 맞춰지는 경향이 있다. 박근혜를 제외하고는 김대중부터 문재인까지 모두 왜 대통령이 되려 하는지 대통령이 되어서 무엇을 어떻게 하겠다는 것인지 선명해지고 있다.

누가 대통령이 되는가를 살펴보면 겉으로 드러난 것만 봤을 때는 하늘이 점지해준 사람들이나 넘볼 수 있는 자리라고 말할 것이다. 그러나 자세히 그 내면을 들여다보면 얼마나 민주주의가 정착되었느냐에 따라 그 태생적 신비로움은 자취를 감춘다. 노무현처럼 투철한 철학과 대의명분, 그것이 바탕이 된 매력, 이런 것이 당선의 결정적 요인이 되어가고 있다.

결론적으로 하늘이 내린 듯한 비범한 인생을 살지 못했다고 해서 대통령감이 아니라고 할 수 없다는 말이다. 그보다는 어떤 철학과 비전을 갖고 있느냐 시대정신을 얼마나 잘 수행할 수 있느냐에 대한 유권자들의 인정, 이것이 관건이 될 것이라 판단한다.

2. 권력의지가 강한 자

정치에 관심이 좀 있는 사람들 중엔 의외로 '추대' 형식을 원하는 사람들이 많다. 동문회장 정도라면 몰라도 권한이 있고 권력이 있는 자리일수록 '추대'는 거의 찾아보기 힘들다. 비단 대통령뿐 아니라 웬만한 권력이 있는 모든 자리는 치열한 경쟁이 있게 마련이다.

우는 아기 젖 준다는 말은 아기들한테만 해당되는 것이 아니다. 세상사 진리라고 생각한다. 본인의 적극적인 의지가 무언가를 이루는 데 있어 가장 중요하다. 스스로 돕는 자가 되지 않는다면 하늘은 결코 도와주지 않는다. 하물며 대한민국의 대통령이 되고자 한다면 본인의 강한 권력의지가 얼마나 중요하겠는가.

공부를 아주 잘하는 학생들의 공통점 중에는 이런 게 있다. 내가 왜 공부를 해야 하는가에 대해 답할 수 있다. 정치도 비슷하다. 내가 정치를 하는 이유, 나아가 대통령이 되어야 할 이유에 대해 명확히 알고 있고 그것을 굳게 믿고 의심치 않는 자기 확신이 세뇌처럼 되어 있어야 한다는 것이다. 이 역시 역대 대통령들에게 공통적으로 나타난 바다.

◆ 이승만

거의 한국인 최초로 미국 유학 후 박사학위까지 취득했다. 30세에 유학길에 오른 후 이룬 성과였다. 그리고 임시정부에 강하게 요구하고 엄포를 놓아 본인이 대통령에 올랐다. 임시정부가 있는 상하이에는 5년 동안 한 번도 방문하지 않으면서도 기어코 대통령 직함을 가지고 있었다. 1948년 남한 단독정부 수립 당시에도 정부 수립이란 개념과 본인이 대통령이 되는 것을 따로 떨어뜨려 생각해 본 적이 없었다고 알려져 있다.

◆ 박정희

3개국의 정식 육군사관학교를 세 번이나 입학하고 모두 수석, 3등, 3등 이렇게 우수한 성적까지 거두고 졸업한 자는 아마 인류 역사상 박정희가 유일하지 않을까? 나중에는 심지어 육군대학도 1년이나 다녔다. 결혼하고 자식도 있는 초등학교 교사가 혈서 쓰고 만주에 있는 만주국 육군사관학교에 입학했다. 강력한 권력의지 말고 이걸 달리 어떻게 설명하겠는가. 6·25가 났을 때 박정희는 구미에서 제사를 지내고 있었는데 남들은 큰일 났다고 우왕좌왕하고 있을 때 박정희는 이것은 기회라고 외치며 서울로 튀어 올라갔다.

◆ 전두환

5·16이 났을 때 전두환은 일개 대위였다. 그런데 혁명군 수뇌부에 찾아가 이렇게 중요한 일에 왜 자신을 끼워 주지 않았느냐며 항의했다고 한다. 그리고 육사 교장을 감금시킨 일과 육사 생도들이 벌인 쿠데타 지지 거리 퍼레이드 기획에 결정적 공을 세우게 된다. 쿠데타의 피가

끊는 사람이었다고 보는 게 맞다. 12·12 쿠데타는 1개월 준비한 일이 아니었던 것이다.

◇ 노태우

평생을 전두환의 다음 보직만 따라다녔다. 친구였지만 친구 같지 않게 보였다. 이인자로서의 굴욕을 참고 또 참았다. 그날을 위해. 결국 대통령이 되고 전두환을 청문회장에 세우고 백담사로 쫓아버리고 그의 형제들을 구속시켰다. 그의 정치적 영향력을 거의 다 없애버렸다.

◇ 김영삼

중학생 때 이미 '미래 대통령 김영삼'이라고 한 번 생각을 정한 후 47년 동안 단 한순간도 꿈이 바뀐 적이 없었다. 25세에 자유당 국회의원이 된 후 경주마처럼 눈 양옆을 가리고 오로지 한 곳만을 향해서 달렸다. 대통령 당선되자마자 대통령 당선증을 들고 고향 거제도로 내려가 아버지 앞에 놓고 "아버지 이거 따는 데 40년이 걸렸습니다."라고 한 사람이다.

◇ 김대중

출마 등록 무효, 낙선, 낙선, 마침내 4수 끝에 국회의원에 당선됐으나 당선된 다음 날 5·16으로 국회 해산. 결국 다음 총선에서, 그러니까 국회 문 두드린 지 다섯 번 만에 국회에서 연설할 수 있게 되었다. 암살시도로 죽을 고비 세 번 넘겼다. 사형 선고받고 수감 생활. 미국 망명 생활. 지역 차별, 색깔론 최대 피해자. 5·18 고통 등 모든 것을 이겨내고 끝까지 포기하지 않았다. 대선에 처음 출마한 지 네 번째인 26년 만에 당선됐다.

◇ 노무현

계속 떨어져도 인기가 올라갈 거 예상하고 부산에 간 거냐는 질문에 정치인이라면 그 정도 감은 있어야 하는 거 아니냐고 솔직하게 말했다. 절대 불리할 거란 만류 속에서 단일화 결심. 대통령이 되어서 무엇을 하고 싶은가 분명히 천명했고, 지방자치시대를 새로 열었다. 왜 대통령을 하려 하는가가 확실했다.

◇ 이명박

다들 마찬가지긴 하지만 서울시장 재임 시 줄곧 대통령 당선만 생각했다. 청계천 복원, 버스전용차로 실시 등 굵직한 업적의 순기능이 있었다.

◇ 박근혜

이미 퍼스트레이디를 경험해 봤다. 호랑이는 풀을 뜯지 않는 법. 대통령이 되어서 나라를 어떻게 경영할 것인가에 대해서는 소질과 관심 부족. 그러나 당선되는 것은 반드시 해내야겠다는 의지 활활. 이회창이나 정몽준을 비롯해 누구도 돕지 않았다. 대통령은 본인의 자리였기에.

◇ 문재인

노무현 서거를 기점으로 완전히 달라졌다. 대통령이 되어야 할 이유가 생겼다. 직접 한 일은 아니지만 '젠틀맨'과는 어울리지 않는, 수단 방법 가리지 않고 목적 달성하겠다는 분위기가 탱천撑天해졌다.

3. 시대가 선택한 자

◇ 이승만

그냥 하는 수사修辭가 아니라 이승만에게도 분명 공功이 있다. 남한 단독정부 수립은 결과적으로 한반도 전체가 공산화되는 걸 막았다. 역사와 후손의 평가를 택한 김구와 달리 현실과 실리를 택한 이승만. 6·25는 예정된 수순이었고, 미국 아니었으면 한반도는 명약관화 공산화되었을 것. 민족정기 차원에선 낙제점이었다. 그러나 미국을 이승만보다 잘 활용할 수 있었던 사람은 없었다.

◇ 박정희

1960년 4·19 이후 혼란상 극심했다. 제2의 6·25를 걱정하는 지경에 이르렀다. 1960년 김영삼의 모친이 무장공비 총에 맞아 죽는 등 나라 전체가 혼돈. 심지어 장준하마저 5·16쿠데타를 지지할 정도였으니. 쿠데타 발생 직후 총리 장면은 미 대사관으로 피신하려 했으나 신원불상자라는 이유로 거절당하는 수모를 겪었다. 천주교 수도원에 은거하며

48시간 동안 사라졌다. 이 정도로 무능한 정권. 당시 대통령 윤보선은 쿠데타 소식을 듣고 "올 것이 왔구나."라고 바로 받아들였다고 한다. 이 것은 마치 망국亡國적 쿠데타가 아니라 나라를 구한 분위기였다.

◇ 전두환

마지막 쿠데타의 주인공. 5·18과 6·10항쟁을 통해 실질적으로 국민에 의해 권좌에서 내려왔고 가장 불명예스러운 전직 대통령이 되었다. 국민이 쟁취했기에 민주주의가 소중한 것임을 알게끔 한, 역설적으로 민주주의의 뿌리를 튼튼하게 해준 마지막 군사독재자.

◇ 노태우

프랑스혁명이 급격하게 이루어지는 바람에 서로 죽이고 죽는 공포정치가 되어 오점을 남겼었다. 노태우라는 비교적 온건한 군인 출신이 대통령이 되어 기득권 군부 독재 세력과 민주화 세력이 섞이는 계기가 되었다. 노태우 정부 시절의 각종 통계와 만들어진 법령을 노태우란 이름만 가리고 본다면, 역대 가장 훌륭했음. 특히 소득분배와 중산층 확산, 최저임금 상승률, 소득 증가, 삶의 질 향상, 빈부격차 최소 등 가장 진보적인 경제 정책을 추진했고 또 상당히 성공적이었다는 평가다.

◇ 김영삼

누구도 범접하지 못하는 추진력으로 몇 가지 업적을 남겼다. 금융실명제, 하나회 척결, 지방자치제 실시 등 누군가 했어야 할 일 그러나 김영삼 아니면 하세월일 일들이었다. 타이밍이 적절했다. 그것이 김영삼이 그 시기에 존재했어야 할 이유였다. 5·18에 대한 역사적 평가 완벽 정리에 이은 정부 차원 지원과 보상 그리고 전두환·노태우 사형 선고 등도 그 아니고선 힘든 일이었다. 지나고 보니 딱 그때 김영삼이 필요했다.

◇ 김대중

1950년대에 〈대중경제론〉이란 책을 썼을 정도로 경제통이었다. 마치 IMF 환란 시기를 위해 대한민국이 준비해 둔 비밀병기처럼 등장했다. 100% 다 잘한 것은 아니지만 그토록 짧은 시간에 나라를 위기에서 구했다. 그리고 오히려 인터넷 강국으로 가는 기반을 마련했다. 지금도 그 영향으로 세계 제일의 인터넷 강국 유지하고 있다고 봐야 한다. K-POP을 비롯한 한류 세계화, 한민족 자긍심의 토대를 마련했다는 평가. 역시 기막힌 타이밍이었다.

◇ 노무현

김대중 정부 아래서 오히려 더 커진 지역주의 투표. 노무현이 망국으로 가는 지역 차별과 갈등의 열차를 세웠다. 정치를 정치인들만 하는 여의도 놀음에서 시민들이 직접 참여하는 것으로 바꾸는 데에 기여했다. 시민의 직접 정치 참여라는 시대적 흐름을 만들었다. 권위주의를 사회 곳곳에서 걷어내는 분위기를 조성했다. 사회적으로 새 시대가 왔음을 느끼게 해 줬다.

◇ 이명박

사실 이명박의 공功은 서울시장 시절 다 이루었다고 해도 과언이 아니었다. 청계천 복원 프로젝트는 20만 상인들과 4,200여 차례의 협상을 통해 성사되었고, 시작 단계에선 찬성한 사람도 별로 없었던 뚝섬 서울숲 조성을 성공적으로 해냈다. 버스 등 대중교통체계 개편도 초반에 엄청나게 욕먹은 일이었다. 이명박의 과거 프로필과는 어울리지 않게 건설·산업에서 문화·생태로 패러다임의 전환을 이루는 데 서울시장 이명박이 지대한 공을 세웠다. 환경의 중요성이 세계적으로 급격히 부각되던 시기와 맞물렸다. 비록 대통령 재임 기간에는 온갖 불미스러운 일들로 점철되었지만 청계천 복원의 이미지가 워낙 강했기에 친환경 생태 문화 등의 단어들이 사회와 국민에게 널리 자리 잡게 되었다. 선진국 문턱에 어울리는 정책들이 많이 만들어졌다.

◇ 박근혜

전두환과 비슷한 느낌이다. 역설적으로 박근혜 덕에 지역 차별, 특히 전라도 비하가 많이 줄어들게 되었다. 박근혜의 어이없는 대통령직 수행 행태가 국민적 공분을 샀고 경상도에서 그를 지지한 것에 대한 근본적인 회의가 일었다. 그야말로 결과론적이지만, 권위주의와 개발독재에 대한 향수를 완전히 접게 만드는 데 박근혜는 크게 기여한 인물이 되어 버렸다.

◇ 문재인

박근혜 덕에 대통령이 된 것 같지만, 그가 대통령이 된 시대적 이유를, 그를 대통령으로 만들어 준 '호남'에서 찾을 수 있을 것 같다. 문재인이 호남에서 5·18을 비롯한 호남의 명예를 회복시켜 주었고 호남인들은 여한이 없을 정도가 되었다. 후임들도 감히 훼손할 수 없는 호남과 5·18 민주주의의 명예를 부여했다. 호남에서는 이제 더 이상 한풀이식 절대 지지 득표율은 나오지 않을 것이다.

◈ 20대 대통령 윤석열

민주당이 오만傲慢과 독선獨善으로 자멸했다. 윤석열 대통령 만들기의 특등 공신은 문재인과 여권 초선 안하무인들, 그리고 세 명의 법무부 장관들이었다. 공정과 더불어서 법치와 헌법 수호가 시대정신이 되어 버렸다. 본인으로 인해 더 부각된 시대정신으로 인해 국민의 선택을 받았다. 이뿐만 아니라, 문재인 정부와 민주당으로 인해 고통받고 답답해하던 국민들이 대안으로 선택한 측면도 컸다.

◈ 20대 대통령 이재명

복잡하기 이를 데 없는 대한민국에는 쾌도난마快刀亂麻가 필요했다. 이재명이 가장 잘 어울렸다. 사실 민주주의를 신봉하면서도 강한 추진력을 가진 사람을 암암리에 원하고 있었던 대한민국 분위기였다. 이재명이 거기 있었다.

대통령다워 보인다는 것

초등학교 반장선거 중·고교 학생회장 선거 등을 자세히 보면 거의 대부분 '다워' 보이는 후보가 당선된다는 사실을 알 수 있다. 대통령이라고 얼마나 다를까. 역대 대통령들을 한 명씩 생각해보자. 내가 존경하는 분들과 혐오하는 인간들도 있지만 모두 대통령처럼, 국가원수처럼 보였다는 데는 어느 정도 동의할 수밖에 없다. 그런 의미에서 대통령다워 보인다는 것이 무엇인지 안다는 것은, '적을 알고 나를 안다는 것'이 전쟁에서 차지하는 위상과 비슷하리라.

1. 의외로 외모

비주얼이 의외로 상당히 중요하다. 키도 크고 덩치가 좀 있어야 좋다. 그게 안 되더라도 다부진 느낌을 줘야 한다. 박정희, 이회창, 이인제 모두 단신이었다. 박정희는 군복 입고 선글라스 낀 사진이 유명해진 데서 알 수 있듯 카리스마로 단신을 극복했다. 그리고 당시에는 TV가 거의 보급되지 않았던 시절이라 사람들은 박정희의 키가 그리 작은지 잘 몰랐다.

강한 아메리카, America First! 특히 트럼프의 비주얼이 그의 캐릭터와 아주 잘 어울린다. 그 외에도 케네디, 닉슨, 레이건, 카터, 부시 부자父子, 클린턴, 오바마, 바이든 모두 한 인물 한다. 통계에 의하면 미국 대선 1900년 이후 120년 동안 30번의 선거 중 단 일곱 번만 키 작은 후보가 키 큰 후보를 이겼다. 당과 상관없이 말이다. 마지막 일곱 번째가 바이든이 트럼프를 꺾은 2020년 선거였다. 그런데 바이든도 183cm다.

우리나라도 크게 다르지 않았다. 1987년부터 2017년까지 일곱 번의 선거 중 여성인 박근혜를 제외하고 여섯 번 중 다섯 번에서 가장 키 큰 후보가 당선되었다. 1992년 김영삼만 예외였다.

키도 키지만 풍채가 좋다는 느낌이 꽤 중요한 듯하다. 미국 대통령 중 케네디부터 바이든까지 180cm가 안 되는 대통령은 단 1명뿐이었다. 177cm의 지미 카터 한 명밖에 없었단다.

물론, 세계적으로 키 작은 지도자가 없지 않았다. 그런데 키의 크고 작음과 그들의 캐릭터가 깊은 상관相關이 있음은 주목할 만하다. 나폴레옹, 처칠, 등소평, 칭기즈칸, 푸틴, 고이즈미, 박정희, 이회창 등은 단신이라는 점과 강한 카리스마를 지녔다는 공통점이 있다. 국민들은 지도자로서 키 작은 사람도 받아들인다. 다만, 잠재의식 속에 단신의 지도자는 강력한 카리스마와 매칭되고 있는 듯하다. 국민이 잠재의식 속에 그렇게 받아들이고 있다는 것이 중요하다.

2. 말투 · 자세

대통령이 되려면 수많은 자리에서 엄청나게 많은 말을 해야 한다. 기자들은 하이에나 마냥 무슨 말실수 안 하나 눈 똥그랗게 뜨고 귀를 쫑긋 세우고 있다. 늘 새로운 말을 하는 것은 불가능하고 그래서도 안 된다. 핵심적인 메시지를 위주로 될 수 있으면 강렬하면서도 반복적으로 가야 한다.

한편, 우리 민초들의 인간관계를 돌아보자. 우리는 또 다른 민초들과 대화할 때 화자話者가 무슨 얘기하는지에 더 관심이 많은가 말하는 태도나 얼굴 표정이 더 신경 쓰이는가. 이건 이미 아주 많은 논문에서 밝혀졌다. 말하는 이의 표정, 분위기, 생김새, 옷차림, 말투, 톤, 제스처 등에 의해 듣는 이의 기억과 호감도가 결정된다는 것이다. 말 내용이 차지하는 비중은 생각보다 훨씬 작다. 내용을 중요하게 생각하는 사람은 딱 한 명밖에 없단다. 말하는 사람 자신이다.

2002년 11월 22일 우리나라 정치사에 한 획을 긋는 사건이 있었다. 노무현과 정몽준의 TV토론과 그 직후 전 국민 대상 여론조사 실시, 그리고 단일 후보 결정이었다. 이 토론은 질문자나 패널 없이 양자만의 토론이었다. 사회자도 시간 체크 정도만 하고 일체의 개입이 없었다. 그야말로 사각의 링에 팬티만 입고 오른 양 선수였다. 글러브도 없는 그야말로 진검승부. 토론은 두 시간 동안 이어졌는데 정몽준이 그동안 어눌한 모습을 보여 왔기에 달변인 노무현에게 밀릴 거라는 예상이 많았다. 그러나 시작하자마자 정몽준의 맹공이 시작되고 시종일관 정몽준이 주도하는 분위기로 토론이 흘러갔다. 공격적인 정몽준, 당황한 듯 수세적으로 몰리는 듯한 노무현. 앉은 자세도 정몽준은 노무현 쪽으로 비스듬히 상체도 기울이며 적극적이었다. 거친 언사도 불사하며 노무현을 코너로 몰았다. 노무현은 겨우 빠져나오기를 반복했지만 등을 보이거나 클린치를 하진 않았고, 끝까지 결정타는 못 날렸지만 반칙도 하지 않으면서 무난히 '지고' 내려왔다. 결정타가 없는 것은 정몽준도 마찬가지였다. 그래도 정몽준은 경기 내내 열심히 노무현을 쫓아다녔다. 스텝도 경쾌했고 잽을 계속 날렸다. KO가 아니어서 아쉽지만 판정승은 확실했다.

그런데 이게 웬일인가. 여론조사에서 노무현이 이긴 것이다. 전투에서 지고 전쟁에서 이긴 셈이었다. 원인을 분석해 봤다. TV토론을 찬찬히 돌려보니 짐작이 되었다. TV내용을 곱씹어가며 듣는 사람들은 이미 누구를 지지할 것인가 결정한 사람들이었다. 상당수 시민들은 하도 국민적 관심사다 보니 TV를 틀어 놓긴 했는데 계속 보고 앉아 있는 것이 아니었고 집중해서 보는 것도 아니었다. 그러다 보니 장면 장면이 뇌리에 박힐 수밖에 없었는데, 그 장면마다 보이는 것은 공격적인 싸움닭으로 변신한 정몽준과 점잖게 앉아서 응수하는 노무현이었다. 노무현이 대통령다워 보였음은 두말할 나위가 없었다.

TV토론을 보면서 사람들은 누구를 찍을지 결정한다기보다는 누구를 제칠지 결정한다. 안철수가 지난 대선에서 TV토론을 할 때마다 조금씩 지지율이 빠지더니 급기야 결정적인 말 몇 마디를 통해 우스갯감으로 전락하여 버렸다. 전혀 대통령처럼 보이지 않게 된 것이다.

안철수는 정치인 중에서 아주 독특한 캐릭터다. 대선 후보로 손색이 없는 프로필과 행적이 있다. 아마 전 세계 정치인 중에 안철수보다 화려한 경력을 가진 이는 없으리라. 그런데 그에겐 치명적인 약점이 있었으니 바로 대통령처럼 보이지 않는다는 것이다. 특히 언어 구사, 말투와 톤이 그렇다. 그가 대통령이 아니라 서울시장으로 출사표를 던지자마자 지지율이 치솟은 이유도 서울시장은 대통령다워 보일 필요까지는 없다는 것을 국민이 암암리에 느끼고 있기 때문일 게다.

실무로 들어가 보자.

첫째, 말을 많이 하지 않는 것이 좀 더 '답다'. 역대 대통령 중에 다

변은 달변가 DJ, 그리고 굳이 한 명 더 꼽자면 노무현이었다. DJ는 아는 게 너무 많아서 그럴 수밖에 없었을 것이다. 그 입장 이해할 사람 이 책 속에도 있다. 노무현은 최초의 변호사 출신 대통령이었다. 토론을 즐겨 했고 잘했다. 그런데 두 사람 모두 말을 많이 했고, 잘 했는데, 그 것이 대통령이 되는 데 그렇게 큰 도움이 되었는가 생각해보면, 글쎄 그런 것 같진 않다. 워낙 두 사람이 맞는 말만 하니 크게 까먹진 않았더라도 오히려 말만 잘한다는 식으로 비아냥거릴 꺼리가 되기도 했었다. 침묵은 권력의 최후의 무기라고 프랑스 드골이 말한 것이 어떤 의미일까 생각해보라. 권력자의 침묵은 갖가지로 해석된다. 그 자체가 언어고 신호고 명령이다.

둘째, 톤이 중요하다. 여자들이 소리에 얼마나 민감하고 크게 마음이 좌우되는지 남자들이 알게 된다면 세상이 상당히 '느끼'해질 거라 확신한다. 예전 같이 일한 여직원은 명동에서 배우 한석규가 뒤에서 귀에다 대고 뭐라 말했는데 다리에 힘이 풀리는 걸 느꼈다고 했다. 자신을 한석규의 일행과 착각해서 생긴 에피소드였는데 그 목소리는 아마 평생못 잊을 거라고 했다. 단호해야 할 때는 강하게, 전체적으로는 부드러우면서 힘 있는 톤. 꼭 한 사람을 꼽으라고 한다면 노무현이다.

셋째, 속도다. 대통령의 이미지는 아직은 집안 어른이고 아버지다. 아저씨나 삼촌이 아니다. 2022년의 동양이다. 인정하라. 그리고 온몸으로 받아들여라.

넷째, 어설프게 공격하지 마라. 지도자는 명령한다. 칭찬하고 상을 준다. 꾸짖고 내친다. 공격하지 않는다. 한다면 지적하듯이 하라.

3, 자기 확신과 미래 희망 메시지

정치지도자라면 반드시 갖고 있어야 할 것이 미래 희망 메시지다. 이는 종교가 반드시 사후세계死後世界에 대한 명쾌한 설명이 있어야 하는 것과 마찬가지 이치다.

사후세계를 학문적으로 접근하는 종교지도자의 회당에 신도들이 많을 리가 만무하듯, 미래 희망 메시지를 전달하는데 교과서 읽듯 해선 지지도가 올라갈 리 없다.

우리도 모두 살면서 그런 사람 몇쯤은 만나 보지 않았던가. 현실 가능성도 있고 명분도 있는 얘기를 신념에 차서 열변을 토하는 사람 말이다. 멋있지 않던가?

자신의 철학과 신념이 녹아 있는, 약간은 이상적인 미래 희망 메시지를 만들고 그것이 실현 가능하다는 자기 확신을 가지고 외쳐라. 강하고 품위 있게.

사람들이 종교에 빠지고 종교지도자를 맹목적으로 따르는 이유는, 그가 정말 사후세계의 그 어떤 존재와 소통하는 것은 아닐까 믿고 싶은 마음 때문이다. 기본적으로 그런 마음이 존재하기에 사이비 종교지도자가 하늘과 소통한다고 강하게 주장하면 거기에 빠져들게 되는 것이다. 집단이 된 보통사람들의 마음속에도 정치지도자가 잘살게 해줄지도 모른다는 공상 섞인 희망이 있다. 그 희망을 만드는 일, 불을 지피는 일, 감당하는 일 모두 지도자의 몫이다. 그 모습이 대통령다운 모습이다.

대통령은 어떻게 만들어지나

1. 상대가 만들어준다

2002년 11월 22일 정몽준-노무현 단일화 여론조사가 TV토론 직후 전국적으로 실시되었다. 사전에 양측은 여론조사 방식을 놓고 첨예하게 대립했다. 협상에서 가장 큰 쟁점이 되었던 사안은 '역선택 방지'를 어떻게 할 것인가였다.

역선택 방지를 위해 양측은 별 희한한 숫자와 아이디어를 동원했다. 어찌어찌 합의를 했는데 결과적으로 정몽준 측 의견이 많이 반영되었다. 애초에 이회창 지지자들이 상대적으로 쉬워 보이는 노무현을 선택할 거라는 전제 아래 정몽준 측은 역선택 방지에 사활을 걸었던 것이다.

결과는 46.8% : 42.2%. 4.6%P 차이로 노무현 승리. 자 여기서 이 숫자 이면裏面에 있는 '거대한 진실'을 보자. 대구·경북에서 노무현은 65%를 얻었다. 이게 어찌 된 일일까. 노무현에게 정말 TK가 그렇게 열광적인 지지를 보냈다? 아니면 진짜 역선택이 그렇게 심하게 이루어졌나? 답은 여론조사 방식에 있었다. 이회창 지지자를 걷어낸 것이다. 다시 말해서 모집단을 왜곡해 버린 것이다. 이회창 지지자를 빼고 나니 TK에서도 민주당 지지자들과 이도 저도 아닌 사람들만 남게 된 거다. 그들에게 노무현이냐 정몽준이냐를 묻게 된 셈이었다.

정몽준이 스스로 무덤을 팠다. 역선택이란 것은 애초에 신기루였던 것이다. 마치 남들은 모두 내게 큰 관심을 갖고 있을 거라 생각하지만 정작 사람들은 각자 자기 살기 바쁜 것과 마찬가지였다. 국민들이 그렇게까지 이차함수로 사고思考하지 않았던 거다. 침소봉대針小棒大가 불러온, 남들도 나처럼 생각할 거란 착각이 불러와 역사가 바뀐 현장이었다.

대선을 한 달 앞둔 2017년 4월 9일 문재인과 안철수는 여론조사 38% 지점에서 조우遭遇한다. 무게추가 어디로 기울 것인가 파르르 떨리고 있었다. 영화라면 모든 소리 다 없애고 흑백 슬로 모션으로 처리될 법한 시기였다. 그리고 며칠 뒤 TV토론이 시작되었다. 두 번째 TV토론 후부터 안철수의 지지율이 수직 하강하기 시작했다. 문재인도 홍준표도 잘한 거 하나 없었다. 안철수 각본, 안철수 연출, 안철수 주연이었다. 실제로 캠프에선 그렇게까지 이상스레 그림이 나올 줄 몰랐다고 했다. 문재인은 41%로 약간 올라섰고 안철수의 16.5%는 홍준표와 나머지 후보들에게 공중으로 뿌려졌다. 최종 안철수는 21.4%.

87년 6월 항쟁의 결과물. 87년 12월 대통령 선거에서 노태우는 36%의 득표율로 당선되었다. 박종철 열사부터 이어지는 전국적 민주화운동에 민주화와 민주 정부에 대한 욕구는 팽배해 있었다. 그런데 뚜껑을 열어보니 지역주의 선거가 돼 버렸다. 하지만 만약 김영삼으로 후보 단일화가 됐더라면 아무리 부정선거가 판을 쳤어도 노태우가 이기긴 힘들었을 것이다. 양김의 득표율은 55%를 넘었고 DJ가 빠졌다면 DJ를 지지하는 사람들 중 90%는 김영삼을 찍었을 테니 말이다. DJ로 단일화 되었다면 아마 박빙 승부였을 것이고.

1997년 대선도 마찬가지였다. 일단 이회창의 아들 병역 비리 의혹이 컸다. 지지율이 10%대까지 떨어졌다. 가망이 없어 보였다. 이인제가 급부상했다. 한때 지지율이 30%까지 올라간 이인제는 한껏 고무되어 있었다. DJ와 얼마 차이 나지 않았다. DJ가 JP를 끌어안고, IMF 외환위기가 국민들을 경제 전문가이자 준비된 대통령 DJ를 선택하게 했다고 하지만 객관적 수치는 다른 방향을 가리키고 있다. 무려 20%를 득표한 이인제가 DJ 당선의 특등공신이었다.

2012년 대선도 깊이 들어가 보면 뭔가 좀 있다. 선거 초반부터 상대방에 대한 프레임 공격이 이어졌다. 문재인은 박근혜를 박정희 정권의 후계자로 정의 내렸다. 낡은 정치 귀족 후보라고 몰아세웠다. 5·16쿠데타와 유신독재의 잔당이라고 규정지었다. 이에 박근혜는 문재인을 이념투쟁세력의 선봉이라고 어중간한 색깔론 비슷한 공격을 했다. 그리고 결정적으로 이렇게 프레임을 씌웠다. "문재인은 스스로 폐족이라 불렀던 실패한 노무현 정권의 최고 핵심 실세다." 노무현 정권을 실패한 정권이라고 당신이 그러지 않았느냐. 그리고 온 국민이 다 그렇게 생각한다. 그런데 당신이 그 최고 핵심 실세 아니었느냐는 논리였다. 반면, 박근혜와 박정희의 관계를 모르는 대한국민 없고 33년 전 얘기를 지금까지 또 하는 것에 대한 시큰둥함이 대세였다. 그리고 결정적으로 박정희를 나쁘게 생각하는 사람은 이미 문재인을 지지하고 있었다. 그런 상황에서 박정희의 부정적인 면을 부각시켜 표의 확장성을 노렸다는 얘기다. 박정희를 싫어하는 사람들끼리만 모여 있으니 박정희 욕하면 표가 오리라 생각했었으리라는 합리적 추론을 해 본다.

사실 더 큰 문제는 그다음이었다. 그렇게 완전히 실패한 프레임 공격을 하다가 급작스럽게 네거티브 자제령을 내린다. 정책으로만 승부하겠다고 선언했다. 박근혜는 민생도 외쳐가면서 꾸준히 문재인을 실패한 노무현 정권의 책임자라고 몰아붙이면서 이념쟁이라고 덧씌우고 다니는데도 불구하고 말이다.

내가 보기엔 이명박 정권에 대한 국민 분노가 아주 컸음에도 2012년의 문재인은 그걸 거의 받아 안지 못하고 스스로 허우적대다가 끝났다. 바꿔 말하면 박근혜는 이명박의 실정을 핸디캡으로 안고 시작했음에도 상대의 헛발질, 똥볼, 헛스윙, 내야 땅볼에 승기를 잡을 수 있었던 것이다.

2. 스스로 만든다

내가 스스로 만든 대통령이란 타이틀의 최고봉은 역시 DJ다. DJ는 한국 정치사에서 비유하자면 투자계의 워런 버핏이라 할 만하다. 해탈한 느낌마저 준다. DJ가 JP를 끌어들이면서 대통령 자리 하나만 빼고 다 내준 것으로 알려져 있는데 큰 과장이 아니었다. 총리와 경제부총리 등 알짜는 대부분 김종필 계열이 차지했다. 두 번째 총리도 박태준이었다. 그건 약속을 지킨 차원이었고 처음 연합군을 형성하는 것부터 DJ는 모든 것을 내려놓은 듯 보였다. 그렇게까지 하고도, 이인제가 20%를 먹어 주고도, 간신히 1.5%P 차이로 이회창을 꺾고 청와대에 입성했다. 만약에 DJ가 선거운동 과정에서 '해탈의 경지'에 못 이르렀다면 역사는 바뀌었으리라.

김영삼도 대단한 승부사다. 3당 합당은 자신의 35년 야당 민주 투사의 경력과 나아가 인생을 건 도박이었다. 노태우는 중간평가를 거친 뒤 여소야대 정국이 되자 김대중에게 먼저 러브콜을 했다. 김대중이 즉각 거절하자 김영삼, 김종필과 작당하여 3당 합당을 성사시킨다. 호랑이 굴로 호랑이 잡으러 간다는 말로 3당 합당을 변명했다. 그런데 민자당의 그냥 한 계파의 보스로 시작해서 민자당을 통째로 접수해 버리는데 그리 오래 걸리지 않았다. 그렇게 쉽게 해 낼 줄 아무도 몰랐다.

이회창도 비슷한 상황을 연출했다. IMF 직전이라 패가 꼬이긴 했지만 신한국당을 혈혈단신으로 들어가 2년 만에 거의 사당화私黨化시켜 버렸다.

2003년에 필리핀에서 군인들에 의한 쿠데타가 일어났는데, 실패하고 주동자가 체포되었다. 그런데 놀라운 것은 그들에게 주어진 형벌이었다. 쿠데타 주동자에게 내린 처벌이 팔굽혀펴기 30회였다. 코믹만화라면 기발한 발상에 피식하고 웃었을 거 같긴 하다. 박정희와 전두환의 쿠데타가 만약 실패로 돌아갔다면 그들의 운명은 어떻게 되었을까? 잘하면 사형 또는 무기징역 수준 아니었을까? 박정희는 둘째 치더라도 전두환, 노태우는 그 정도 실형은 받았을 거 같다. 바꿔 말하면 박정희나 전두환은 목숨을 걸고 무언가에 도전한 셈이었다. 도전에 성공했으니 살아서 권력을 잡았던 것이고, 실패했었더라면 목을 내놓아야 했을 것이다.

3. 시대와 상황이 만든다

1997년 대선은 여러 가지 측면에서 연구 가치가 있다. DJ가 승리할 수 있었던 결정적인 요인만 세 가지나 된다. 그에 약간 못 미치지만 큰 의미가 있는 요인도 몇 가지다. 대단한 선거였다.

박정희, 전두환, 노태우, 김영삼, 경상도 정권이라 불리는 약 36년 세월을 거치면서 그들은 전라도를 철저히 고립시키는 정책을 썼고 탄압했다. 전라도민에 대해 악의적으로 왜곡된 이미지를 덧씌워서 다른 지방 사람들에게 세뇌했다. 그들은 국민들에게 전라도와 DJ를 동일시하게 해 놓고 빨갱이부터 시작해서 온갖 악랄한 덧씌우기로 전라도와 DJ를 고립시키고 모욕했다. 세뇌된 국민들은 언론이 충분히 발달되지 않은 시대에 살면서 정부의 조작 정치에 휩쓸려 다녔다. 그 공작은 대단히 효과적이어서 DJ가 대통령이 되는데 도저히 넘을 수 없을 것 같이 높아 보이는 벽이 되었다. 지금도 인터넷 댓글들에 남아 있는 세뇌된 자들의 잔재를 보면 그 뿌리가 얼마나 깊게 박혀 있는지 알 수 있을 정도다.

　DJ의 당선에 결정적 영향을 미친 세 가지는 이인제의 선전善戰, DJP 연합 그리고 김영삼의 실정失政으로 인한 IMF 외환위기였다. 이 셋 중 어느 하나라도 없었으면 결과는 분명 달라졌으리라. 그런데 그중에서도 가장 의미 있는 것은 역시 김영삼의 실정으로 인한 IMF 외환위기 초래 사태였다.

　전라도는 억울했고 한恨이 생겼기에 DJ를 통해 그걸 풀고자 했다. 자연스럽게 절대 지지로 이어졌다. 그런데 그럴수록 정권의 공작은 효과적으로 이루어졌다. 경상도를 부추기기에 아주 좋은 수치가 나오는 것이다. 다른 지역에서도 부화뇌동하기 좋은 꺼리를 만들어 준 셈이 되었다. 결국 전라도가 DJ를 지켜주고 있었지만 전라도라는 단어가 DJ가 대통령이 되는데 최대 걸림돌이 되는 안타까운 형국이 되어 버렸다.

DJ의 고정 지지율은 34%가 한계라는 설이 설득력이 있었다. 3당 합당으로 인한 반작용으로 민주세력이 결집했다고 하는 1992년 선거에서 DJ가 얻은 득표율이 그것이기 때문이었다. 호남과 민주세력의 총합이 34%였던 것이다. 여기서 7%P를 더 높인 것이 무엇이었을까. 그것은 시대 상황이었다. '민주주의'가 아니라 '경제'로 유권자의 관심이 넘어간 최초의 선거가 될 수밖에 없었던 그 1997년의 시대 상황 말이다.

2017년 5월 9일 대선은 두 가지 기록을 남겼다. 대통령 탄핵으로 인해 7개월 먼저 치러지는 대선이라는 점과 소위 경상도 보수가 미는 후보가 전혀 당선 가능성이 없는 선거였다는 점이다. 안철수의 자멸에 가까운 지지율 폭락으로 막판 홍준표가 굉장한 약진을 하긴 했지만 보수진영 전체가 얻은 득표가 24%밖에 안 되는, 꽤 놀라운 수치를 나타냈었다.

박근혜는 탄핵되기 직전의 지지율이 4%였다. 촛불집회가 누적 인원 1,500만 명을 돌파했고 하루가 다르게 국정농단의 어이없는 장면들과 팩트가 TV를 달궜다. 4%면 오차범위를 감안했을 땐 제로라는 우스갯소리까지 있을 정도로 국민적 분노가 심하게 타올랐다. 이런 상황에서 문재인과 안철수는 누가 더 '박근혜'로부터 멀리 떨어져 있는가. 그 경쟁을 하게 된 것이다.

다음 이야기는 유대인들의 우화다. 고개가 끄덕여지실 것이다.

탐욕스러운 사람과 질투심 많은 사람이 공을 세워 왕을 알현했다. 왕이 두 사람에게 말했다.

"너희들에게 상을 내리겠다. 먼저 말하는 사람에게 원하는 것을 들어주되, 다른 사람에겐 먼저 말한 사람에게 준 것의 두 배를 주겠다."

질투심 많은 자는 절대로 먼저 말하긴 싫었다. 탐욕스러운 이도 마찬가지였다. 탐욕스러운 이는 최대한 많이 가지려 했고 질투심 많은 자도 탐욕스런 자가 자신보다 두 배나 더 많이 갖는 꼴은 도저히 볼 수 없었기 때문이었다. 서로에게 미루다가 왕이 화를 내자 할 수 없이 질투심 많은 자가 먼저 말하게 되었다.

"제 눈 하나를 뽑아버리십시오."

1960년 5월 16일 쿠데타가 일어났을 때 대통령 윤보선은 이렇게 말했다고 한다.

"올 것이 왔구나!"

혼잣말 형식이었지만 하도 크게 말해서 주변에 있던 사람들이 모두 똑똑히 들었단다. 마치 기다리고 있었다는 말투였다. 그 후 윤보선이 보인 행동은 그런 분석이 틀리지 않았음을 보여준다. 쿠데타세력의 입맛에 맞게 뭐든 척척 다 해줬다. 시키면 시키는 대로, 심지어 소위 '알아서' 행동했다. 총리 장면과 대통령 윤보선의 권력 다툼 속에서 윤보선은 철저히 무시되고 배제되었다. 장면과 윤보선의 알력이 없었다면 쿠데타가 성공할 수 있었을까? 윤보선이 장면을 원수처럼 여기지 않았다면 설사 쿠데타가 났더라도 사후에라도 미군을 통해 진압 가능했을지도 모른다.

박정희, 김대중, 문재인, 그들은 시대와 상황이 만든 대통령들이었다.

무엇이 대통령을 만드는가

1. 강력한 권력의지

20만 년 전 호모사피엔스가 생기고 문명이란 것을 인간이 만들어 낸 다음 지금까지 적어도 수만 명의 '왕'이 있었을 것이다. 어떤 이들이 King이 되었는지 대략 살펴보니 전왕前王의 장자長子가 아니었다. 그 비율은 의외로 그다지 높지 않았다. King이 된 자들의 가장 큰 공통점은 잔인한 성품이었다. 목적을 위해서는 수단 방법을 가리지 않는 자였다. 비슷한 성품을 가졌을 때 장자가 우선순위였던 것이지 그렇지 않고 단순히 장자이기만 해서는 왕에 오를 가능성이 확 줄어드는 분위기였다.

한편, 우리가 선거를 말할 때 '총칼 없는 전쟁'이란 표현을 많이 쓴다. 확실히 옛날보다는 신사적이긴 하다. 그러나 그 근본 속성은 크게 변하지 않았다고 보는 시각이 우세하다. 다시 말해서 강한 권력의지, 반드시 쟁취하고야 말겠다는 굳센 정신을 가진 이가 권력을 갖게 될 확률이 매우 높다는 것이다.

너무 진부할 수도 있지만, 지식의 정도를 보거나 인격을 매기거나 하는 기준으로 대통령을 뽑지 않는다. 오히려 그보다는 소위 '맷집'이 더 중요하다. 별별 일을 다 겪고 온갖 말도 안 되는 소리 대꾸해 가면서 칠 건 치고 참을 건 참아야 하는 그 맷집 말이다. 그 과정에서 가족들이 입는 피해는 엄청날 것이 확실시되며 '이러려고 대통령 됐나 하는 자괴감'이 들지도 모른다. 그래도 '반드시 쟁취하고야 만다', '내가 하늘의 부름을 받았다' 이렇게 셀프 세뇌를 하면서 전진 또 전진해야 한다.

역사상 대통령 선거에서 당선에 근접한 경험이 있는 사람 중에 청와대에 입성하지 못한 사람은 이회창 한 명뿐이다. 노태우, 김영삼, 김대중, 박근혜, 문재인 모두 재수 삼수 등 우여곡절 끝에 성공했다. 노태우와 박근혜도 깊이 들어가 보면 기어코 해낸 측면이 진하게 묻어난다. 역대 대통령들을 가만히 떠올려보면 단 한 명도 만만해 보이는 사람이 없는 이유도 바로 이 강력한 권력의지를 가진 사람들에게서 나오는 기氣 때문이 아닐까 싶다.

사실 바람직하지 못한 이유로 대통령이 되고자 하는 사람들이 대부분이다. 그들을 비난하면서 '나는 그런 사람이 아니'라고 자신에게 말할 필요도 없다. 당신에겐 대의와 명분이 있다는 것을 나는 안다. 그러나 성군聖君이 되려면 일단 당선되어야 한다는 사실을 그야말로 뼈에 새겨야 한다. 불법만 아니라면 자존심 상하는 정도의 일들은 눈 하나 깜빡하지 않고 해내야 한다.

5,100만 명의 국민, 그리고 2,500만 명의 또 하나의 국민, 반만년의 역사, 앞으로 1백 년은 좌우할 key, 세계 4대 강국과 첨예하게 유·무형의 국경을 맞대고 있는 유일한 나라. 당선되고 나서도 이런 대한민국의 현실에 온몸을 다 바쳐야 한다. 이런 상황들을 오히려 역사에 길이 남을 기회로 보고 긴 칼을 뽑아라.

삼국지의 조조가 되어 외쳐 보시라.

"내가 세상을 버릴지언정 세상이 나를 버리진 못하게 하리라."

2. 전략

민주당 대통령 후보가 된 노무현에게 기자가 물었다.

"부산에 가서 선거에 떨어질 때마다 인기가 올라갔습니다. 결국 그 때문에 오늘 민주당 후보가 되셨다고 해도 과언이 아닌데요. 혹시 의도된 것은 아니었습니까?"

그러자 노무현이 답한다.

"일부러 떨어지려고 선거에 나가는 사람은 없습니다. 결과적으로 그리되었지요. 뭐, 떨어져도 의미가 있다고는 생각했습니다."

잠시 생각하다가 이어 말한다.

"그런데 정치인이라면 그 정도 감은 있어야 하는 거 아닙니까?"

솔직한 것이 노무현답다. 부산 내려가면서 지역주의를 온몸으로 부딪쳐 깨보겠다, 안 되더라도 그 상징적 인물이 되지 않겠는가, 정치인이라면 그 정도는 내다볼 수 있어야 한다고 생각한다고 했다. 말하자면 전략적 행동이었다고 고백한 셈이다. 노무현이 대단한 것을 넘어서서 차츰 존경의 이미지를 광범위하게 획득하고 있는 이유는 이런 전략적 행동들이 결코 얍삽하지 않았다는 점이다.

어떤 공연에서 지휘자가 웃으면서 관객들에게 이렇게 말했다.
"지금부터 우리가 공연하는 도중에 혹시라도 실수처럼 보이는 장면이 보이더라도 그건 모두 저희의 치밀한 각본과 연출에 의한 것이란 걸 미리 말씀드리겠습니다."
관객 모두 유쾌하게 웃었다. 그 공연은 파리나무십자가소년합창단 내한공연이었다. 그런데 관객석에 앉아서 공연을 즐기던 나는 아까 그 지휘자가 통역을 통해 한 말이 사실일지도 모른다는 생각을 하지 않을 수 없었다. 한 여덟 살이나 되어 보이는 합창단원이 악보를 떨어뜨리는 모습하며, 다음 부를 노래를 소개하면서 아주 귀여운 실수를 하는 모습들 때문이었다.
"다음 부를 노래는⋯."
프랑스 꼬마는 말을 잇지 못하고 당황하다가 주머니에서 쪽지를 꺼냈고 객석에서는 웃음이 터져 나왔다. 그리고 쪽지를 보고 어눌한 한국어로 읽는 어린 합창단원.

"부르겠습니다."

무작정 부르겠다는 그 귀여운 모습에 우레와 같은 박수가 저절로 나왔다.

아직도 모르겠다. 30년 전 그날 공연의 '실수'들이 연출인지 아닌지는. 그러나 지금도 가장 기억에 남는 공연의 한 장면으로 내게 남아 있는 것만은 확실하다. 지휘자의 '선전포고'와 함께.

전략 없는 언행은 잡담이고 빈둥거림이다.

전략은 네비게이션이고 핸들이어야 한다.

선거는 총성 없는 전쟁이다.

전쟁은 전략으로 시작해서 전략으로 마무리 짓는다.

역사적으로 위대한 전쟁은 모두 전략의 승리였다.

변호사 업계의 격언 중에 이런 말이 있다.

'답을 모르는 질문은 하지 마라'

근본적으로 사람의 삶 자체가 전략적이어야 하거늘 사람이 사람의 마음을 얻는 일을 하는데 전략이 처음이고 끝이 아닐 수 없다.

3. 다름

첫째로 직전直前 대통령과의 다름

둘째로 여타 정치인들과의 다름

이 두 가지를 반드시 갖춰야 한다.

지금까지 7번의 대선을 따져보면 네 번의 정권이양과 세 번의 정권교체가 있었다. 팽팽하다. 그런데, 전혀 다를 것 같은 성격의 '정권의 바뀜'에서 공통점이 발견된다. 그것은 바로 '다름'이었고 구체적으로 위두 가지의 모습을 보인다.

먼저, 직전 대통령과의 다름을 보자. 다른 당黨일 경우엔 말할 것도 없고, 같은 당이더라도 분명 달랐다. 유권자들이 완전히 인정할 만큼 전혀 달랐다. 가장 비슷했다는 전두환과 노태우마저도 그랬다. 노태우는 실제 인생 자체가 전두환의 뒤만 졸졸 따라다닌 것 같았어도 막상 본인이 전면에 나서니 전두환과 분명 상당히 다른 풍모를 느끼게 했다. 노무현과 DJ를 같은 당의 정치인이라고 생각할 수 있을까? 그야말로 문서 상에만 해당되는 이야기다. 박근혜와 이명박은? 성性이 다른 것만큼이나 달랐다. 노태우는 대선 직전 김영삼이 총재이자 대선 후보인 민자당을 탈당했다. 심지어 이회창은 김영삼에게 탈당을 노골적으로 요구하기까지 했다.

다음으로 여타 정치인들과의 확연한 다름을 보자.

이승만, 박정희, 전두환, 노태우, 김영삼,

김대중, 노무현, 이명박, 박근혜, 문재인.

이 이름들과 동시대의 인물들을 생각해보시라. 이 책을 읽고 계신 분들은 정치에 준프로 이상 되시는 분들일 테니 각 대통령들이 대통령 되기 1~2년쯤 전에 어떤 정치인이었는지 떠올려보시라. 그 당시 활동했던 정치인들과 비교해 보시라. 최소한 결이 다른 것을 느끼실 수 있으리라. 거의 대통령이 될 뻔한 이회창도 이 범주에 넣어 줄 수 있다고 본다. 확실히 당시 기타 정치인들과는 달랐다. 혜성처럼 나타난 노무현보단 못했지만 그도 인정해 줄만 하다. 그다음 안철수 정도가 생각난다. 다름이란 차원에서 논하고 있다. 안철수신드롬이란 말이 나올 정도였다. 그런 시기가 있었다. 역시 쇠는 달궈졌을 때 쳐야 한다는 격언이 맞다.

그렇게 보았을 때 만약 윤석열이 이번에 청와대 입성에 성공한다면 그야말로 노무현을 넘어서는 대단한 사건이겠지만, 그 반대일 경우 그가 다음을 기약할 수 있을까? 그건 힘들다고 본다. 이번이 처음이자 마지막 기회일 것이다. 여하튼 이렇게 여타 정치인들과 확연히 다른 면

이 있어야 대통령이 될 자격이 있다고 봐도 무방할 정도다. 결과적으로 앞으로도 현재 상황에서 누군가가 소위 대통령감이냐 아니냐를 판단할 때 '다름'이 가장 큰 기준이라고 말할 수 있을 것이다.

자, 결론이다. 틀리고, 맞고가 관건이 아니다. 유사하냐, 다르냐의 문제일 때가 많다. 그걸 이해해야 한다. 인정하고 집중해야 한다. 갖고 있는 다름을 더 매력적으로 어필해야 한다. 물론 그 다름은 '대통령다움'과의 텐션이 끊어져선 안 될 것이다.

4. 이슈

마케팅에 대한 정의가 다양하다. 나도 마케팅과 전략을 연구하는 사람으로서 내 나름의 마케팅에 대한 정의定義가 있다.

"마케팅은 관계된 이들의 마음을 얻는 일이다."

사람 마음이란 게 참으로 오묘하다. 금방 죽일 듯 웬수 같다가도 진심 어린 사과와 눈물을 보면 180° 돌아서는 극단적인 변화가 자연스러운 것임을 우리는 알고 있다. 마음이란 게 그런 거다. 마음의 주인도 그걸 알 길이 없다. 그래서 변하지 않는 것은, 변하지 않는 것은 아무것도 없다는 사실뿐이라고 하지 않았던가.

자, 무슨 말을 하고 싶어서 심리학을 들먹인 건가 말씀드린다. 개인
도 자신들이 무엇을 원하는지 모르는데 집단 대중은 어떻게 알겠는가.
손에 쥐여주고, 눈앞에 보여주고, 귀에 속삭여 줘야 알 수 있다. 자동차
왕 헨리 포드는 이런 명언을 남겼다. "사람들에게 무엇을 원하느냐고
물었으면 더 빠른 마차라고 했을 것이다." 전 세계 거의 모든 이의 삶을
획기적으로 바꾼 스마트폰을 만들어달라고 스티브 잡스에게 요청한 이
는 없었다. 스마트폰 아이디어를 들었을 때도 부정적인 반응 일색이었
다니 놀랍기 그지없다.

선거에서 정말 좋은 이슈는 그걸 듣자마자 별도의 설명 없이 확 이해
가 되면서 자신과 연결, 사회 국가와 연결 등등이 순식간에 이어져야
한다. 그리고 홍해 갈라지듯 유권자 여론이 쫙 나뉘어야 한다. 즉시 갑
론을박이 이어져야 하며 전체적으로는 해 보는 게 좋지 않을까 하는 쪽
으로 흘러가야 한다. 해당 후보에 대해 어쩌네 저쩌네 평가하다가 갑자
기 이슈를 듣는 순간에 후보보다 이슈가 먼저 떠오르면서 화젯거리가
되는 것이 이상적이다. 이것이 진짜 이슈다.

조선의 왕들을 연구함에 있어 세종대왕을 빼면 업적과 에피소드 등이
상당히 허전해질 것이다. 우리나라 대통령 선거에 관한 연구에서 노무
현을 빼면 아주 심심해져 버린다. 대부분의 연구 영역에서 노무현의 사

례는 맹활약을 하고 있지만, 특히 이 이슈 분야에 있어서만큼은 더더욱 독보적이다.

 '행정수도 충청 이전'은 단순히 표만을 의식한 선거공약이 아니었다. 노무현은 몇 년을 제외한 대부분의 삶을 부산과 경남에서 살았다. 부산 시장 출마도 해봤다. 수도권과 지방의 상생과 수도권 집중에 대한 문제의식이 실제 정치 철학으로 자리 잡고 있었다. 그런 배경이 '행정수도 충청 이전'이라는 공약을 탄생시킨 것이었다. 나는 우리나라 직선제가 시작된 1952년 8월 5일 이후로 이보다 더 좋은 공약(좀 더 정확히 말하자면 효과적인 공약)을 들어보지 못했다. 총 열세 번의 대통령 직선제 선거에서 유력 후보가 낸 대표 공약들을 모두 살펴보았는데 이보다 좋은 공약은 없었다. 좋은 공약이라 함은 이것이 된다, 안 된다의 차원이 아니라 선거에 얼마나 효과적으로, 그리고 효율적으로 보탬이 되느냐 차원의 정의다.

 결국 나는 노무현의 당선에 이 공약이 결정적 기여를 했다고 믿는다. 충남 예산에 선산이 있다는 이유로 충청도가 고향이라고 우기는 이회창을 밀어내고 충청도에서 노무현이 1위 득표를 했다. 그것도 이회창과의 격차를 10%P 넘게 벌린 예상 밖 대승이었다.

◇ '대구항'

한반도 대운하는 단순한 선거용이 아니었다. 이명박은 서울시장으로 재임하는 겨우 4년 동안 청계천을 복원해냈다. 그건 정말 기적 같은 일이었다. 총 한 발 쏘지 않고 누구 한 명 잡아다 고문하지도 않았다. 무려 20만 명의 직·간접 이해 당사자들과 4,200회 협상을 했다. 가스통에 불을 붙여 굴리는 시위대와 맞서서 대화로 풀었다. 그 당시 청계천을 기억하는 사람들이라면 이명박이 한 일이 얼마나 대단한 일이었는지 인정하지 않을 수 없을 것이다. 노무현이 지방분권에 대해 확실한 철학을 갖고 있었듯, 이명박도 '치수治水'를 통한 국토 개조에 정치적 목적을 뒀던 것 같다. 한반도대운하 공약은 그렇게 만들어진 것이라고 믿고 싶다.

노무현 정권의 인기가 그야말로 바닥을 뚫고 지하실로 내려가는 분위기였기에 한나라당 경선은 그 자체가 본선이라고 해도 전혀 어색하지 않았다. 그랬기에 경선은 대선과 똑같은 수준의 긴장감이 감돌았다. 폭로전은 기본이고 왜곡하기 부풀리기 등이 판쳤다. 그런데 그건 그때 표현이고. 나중에 보니 거의 다 사실로 판명되긴 했다.

암튼 그런 엄청난 경선에서 이명박은 불리한 위치였다. 박근혜는 당시 '선거의 여왕'으로 불리며 거의 모든 한나라당 국회의원들을 쥐락펴락하고 있었다. 그녀 눈 밖에 나는 것을 무서워하지 않는 이가 없었다. 특히 대구 경북에서는 말할 것도 없었다. 그런데 한나라당 당원들의 3/4은 경상도 거주자이거나 경상도 출신이었다. 여론조사와 혼용한다

는 사실만이 한 가닥 희망일 뿐 이명박에게 절대적으로 불리한 경선이
었다. 그런데 그걸 뒤집었다.

나는 그 원동력을 '대구항'에서 찾는다. 지금 다시 되뇌어도 생소한
단어다. 대구항! 그런 단어는 물론 없다. 이명박이 만든 단어다. 대구
사람들은, 경북 사람들은 대구항, 구미항이라는 단어에 적잖이 당황했
다. 그리고 많은 사람들이 속으로 흥분했다. 그 이유는 청계천 복원이
라는 예술 같은 기적을 일으킨 현대건설 회장 출신 이명박의 공약이었
기 때문이었다. "정말 서울서 배 타고 대구 거쳐 부산을 갈 수 있단 말
이가?" 박근혜 눈치 보느라 드러내놓고 말은 못 하지만 기대를 감추지
못하는 사람이 많았다.

여론조사야 서울 경기에서 이명박이 좀 높게 나오더라도 당원 투표에
서 큰 차이로 박근혜가 이기리라는 예상이 주류를 이루던 때였다. 지구
당위원장의 입김이 아주 강하게 작용하던 시절이었다. 대의원 20%, 당
원 30%의 당심黨心에서 박근혜가 훨씬 우위를 차지할 거라고 믿었다.
'선거의 여왕'에게 경상도 의원들은 거의 전원이 일렬종대로 서 있었기
때문에 압승이 예상되었다. 그러나 결과는 박근혜의 근소한 차 승리였
다. 여론조사에서는 예상대로 밀렸다.

'행정수도 충청 이전'만은 못하지만 '대구항·구미항'도 상당한 영향
을 미쳤다고 확신하는 바다. 박근혜와 이명박의 득표율이 겨우 1.5%P

차이였던 것을 감안하면 더욱 그렇다. 한나라당 경선에서 TK가 차지하는 비중을 감안 했을 때, 그리고 당시 박근혜의 TK 영향력을 생각해 봤을 때 '대구항'이 '반신반인半神半人'의 딸을 이겼던 경선이라고 나는 믿는다.

5. 구도가 하늘이다

선거에서 기적은 일어난다. 늘 준비가 되어 있는 듯하다. 스포츠에서 기적이라 불릴만한 경기가 생기는 것보다 훨씬 확률이 높다. 월드컵 예선과 본선 경기만 지금까지 십만 번도 넘게 열렸다고 한다. 그런데 그 중에서 기적이라는 칭호를 받을 만한 팀은 몇 개 없었다고 한다. 2002년 KOREA처럼.

그에 반해 선거에서 '기적'은 심심찮게 일어난다. 이변이라는 명명이 부족한 '드라마'가 자주 방영된다. 성공한 드라마엔 이유가 있듯 기적의 선거에도 원인이 있다. 그 공통점을 따라가 보니 단어 하나가 기다리고 있었다. 바로 '구도'였다.

◇ 기적은 양자구도에서

2002년 대선은 노무현이 주연한 한 편의 대하 드라마였다. 주연급 조연은 정몽준, 수석 조연은 이회창이었다. 당선이 분명해진 순간 노무현은 이렇게 말했다.

"기적이 일어났습니다"

그랬다. 불과 1년 전까지만 해도 그의 당선을 예측한 사람은 그의 열혈지지자들 사이에서도 많지 않았다. 심지어 노무현인들 확신이 있었겠는가?

노사모, 단일화, 단일화 실패 후 오히려 결집 등 여러 승리 요소가 있었지만, 시각을 달리해 보면 '구도'라는 단어가 수면 위로 부상한다.

이인제는 민주당 내에서 2~3년 전부터 이미 대통령 후보가 된 것처럼 행동했다. 집권 여당의 대통령 후보로 자신 말고는 전혀 있을 수 없다고 확신했다. 그리하여 이회창과의 본선 대결만 염두에 두고 있었다. 따라서 민주당 경선은 이인제 : 나머지 후보들, 이런 구도가 될 거라는 예상이 보편적이었다.

민주당을 지지하는 많은 민주세력 인사들 그리고 시민들에게 이인제는 아주 찜찜한 인물이었다. 민주당이니, 이회창보다 좀 낫다는 정도지, 이인제 자체를 좋게 보는 분위기는 전혀 아니었다. 답답했다. 갈등이 커져갔고 그 대안이 필요하다는 인식이 암암리에 민주당 전통적 지지자들 사이에서 퍼지고 있었다. 중요한 것은 명분 있는 구심점이었다.

바로 그 시점에 그 같은 분위기에 노사모라는 전례 없던 정치인 팬클럽이 불을 당겼다.

현역 국회의원 중에선 천정배가 노무현 지지를 선언했을 뿐 노무현은 본격 레이스가 시작되고도 군소후보 중 한 명일 뿐이었다. 게다가 2002년 3월 경선 직전 여론조사에서 노무현의 지지도는 2%였다. 이회창은 46%였으니 다윗도 안 되는 수준이었다. 민주당 내 지지도도 이인제 35%인데 반해 노무현은 7%였다.

새천년 민주당의 경선 주자들은 김중권, 김근태, 유동근, 이인제, 정동영, 한화갑, 노무현이었다. 이들을 잘 살펴보면, 김중권과 유동근은 존재감이 떨어지는 후보였고 정동영, 한화갑, 김근태가 그나마 어느 정도 가능성이 있는 주자들이었다. 그런데 모두들 민주당 정통을 잇는다는 후보들이었다. 그러했기에 갈래갈래 흩어져 있던 표가 노사모라는 최신 첨단 병기의 위용을 보자 감히 어찌 해 볼 엄두를 내지 못하게 되어 버린 것이다. 그렇게 노무현으로 자연스럽게 헤쳐 모여가 된 것이었다.

이인제와 일대일 양자대결의 구도가 이루어진 것이다. 앞서 말했듯 이인제는 민주당 DNA가 아니었다. 민주당 전통 지지층들에게 이인제는 울며 겨자 먹기였다. 이제 노무현이라는 입에 쩍쩍 붙는 꿀떡이 나타났는데 겨자 먹을 이유는 전혀 없어진 셈이었다. 이렇게 양자대결 구도로 '1차 기적'을 이루어낸다.

이회창, 노무현, 정몽준, 세 사람의 시간이 왔다. 노사모를 앞세워 민주당 경선 승리한 후 한때 지지율 60%까지 치솟았던 노무현이지만, 그해 치러진 월드컵에서 우리나라가 4강까지 올라갔고 정몽준의 인기가 급상승했고, 노무현의 지지율은 잦은 말실수와 돌출 행동으로 급강하했다. 삼파전 또는 노무현의 후보 사퇴가 점쳐지는 가운데 노무현은 정몽준만을 겨냥했다. 단일화였다. 사실 정몽준의 캐릭터와 성향은 이회창과 훨씬 가까웠다. 그래도 단일화는 2등과 3등이 하는 것이 더 자연스러웠다.

3자 대결일 수도 있었던 선거를, 일단 정몽준과의 단일화 협상을 성공적으로 마쳐 순식간에 노무현, 정몽준 양자대결로 구도를 만들었다. 이것이 양자대결 구도로 만든 2차 기적이었다.

이회창과의 마지막 일전이 남았다. 그런데 다시 또 변수가 생겼다. 민주노동당의 권영길 후보였다. "여러분 살림살이 좀 나아지셨습니까?"라는 유명한 유행어가 이때 만들어졌다. 돌풍까지는 아니지만 민주노동당의 존재감이 부각되기 시작했다. 만약 권 후보가 사퇴한다면 90% 정도는 노무현에게 올 표였다. 그런데 여론조사에서 권영길의 지지도가 10%를 웃돌아 나오고 있었다. 이건 대단히 위험한 일이었다. 마지막까지 이회창이 오판하게끔 만든, 또는 안심하게끔 만든 결정적 이유였다.

그런데, 세상에 이런 일이 다 생겼다. 이 마지막 드라마를 재생해보면 정말 대통령은 하늘이 낸다는 생각을 다시 할 수밖에 없다. 마지막 선거운동일 밤, 선거운동 종료를 두 시간 앞두고 정몽준은 노무현 지지를 철회해 버리고 술 마신 후 문 걸어 잠그고 자 버린다. 호외가 발행되었고 정몽준이 노무현을 버렸다는 자극적 제목의 기사가 밤새도록 쏟아졌다. 다음날 선거가 진행되고 있는데도 마찬가지였다.

그런데 뚜껑을 열고 보니 노무현의 가벼운 승리였다. 많은 분석이 있지만 권영길을 지지하던 소위 찐 진보표가 위기감을 느끼고 노무현에게로 급선회한 것이 결정적이었다는 게 합리적인 판단일 것이다. 선거 직전 13%까지 나온 여론조사가 있었던 것을 감안하면 최종 득표 3.9%는 너무 쪼그라든 수치였기 때문이다. 결국 권영길 후보를 주저앉히면서까지 양자대결 구도가 또다시 만들어지면서 3차이자 최종 기적을 완결한다.

노무현의 대통령 당선은 기적이라는 단어 외에는 딱히 설명되지 않을 정도로 드라마틱했다. 그것이 영화였다면 오히려 비현실적이라는 비평이 따르지 않았을까 싶을 정도였다. 그런데 운運이라는 요소를 걷어내고 살펴보면 구도의 승리이고 더 구체적으로는 양자대결 구도가 만든 필연적 승리라고 말할 수 있을 것이다.

"목적지에 도달하는 길은 결국 한 길이다. 그러니 이제 그 길에 접어

드는 일만 남았다."

- Sowon Sky -

◆ 기적은 다자구도_多者構圖에서

스피드스케이팅에서는 좀처럼 이변이 일어나지 않는다. 평소 실력이 그대로 본선에서도 나타난다. 기록경기이기도 하고 두 명 또는 집단이 타긴 하지만 각자의 레인이 있는 경우가 대부분이라서 본질적으로 '한계극복' 경기다. 그런데 쇼트트랙 경기에서는 항상 변수가 있다. 여러 명이 비교적 작은 링크를 수십 바퀴씩 엉켜서 달리다 보니 신체 접촉이 잦고 코너링이란 묘미가 있기 때문이다.

2002년 동계올림픽 쇼트트랙에 출전한 호주의 한 선수가 있었다. 그는 남자 1천 미터 준준결승에 출전해서 꼴찌로 달리고 있었다. 그런데 앞 선수 한 명이 반칙으로 실격되어 준결승에 진출한다. 그리고 이어진 준결승전, 이미 호주 역사상 쇼트트랙 준결승 진출은 최초였기에 벌써 만족스러운 결과였다. 그래도 그는 최선을 다했을 것이다. 그러나 역시 실력 차이로 인해 꼴찌로 달리고 있었다. 그런데 앞서 달리던 세 명이 서로 엉키면서 넘어지는 바람에 결승에 진출하게 된다. 행운의 여신이 손잡고 스케이팅을 해주는 듯했다. 대망의 결승. 이미 목표를 훨씬 초과 달성했다. 하지만 쇼트트랙 대표 선수만 10년을 한 노장답게 침착히 경기에 임했다. 그러나 역시 실력 차이는 어쩔 수 없어서 이번에도 현저히 뒤처지는 꼴찌로 돌고 있었다. 그런데 믿을 수 없는 일이 일어났다. 앞서 달리던 네 명이 모두 넘어져 버렸다. 브래드 베리 선수는 한참 뒤에 달리고 있었기에 같이 넘어질래야 넘어질 수도 없었다. 결국 금메달을 차지하게 되었다. 어부지리漁父之利의 수준을 한참 뛰어넘는 대단한 결과였다.

호주의 국어사전에 'doabradbury'란 단어가 생겼다. '뜻밖의 행운을 만나다'라는 뜻이란다.

1997년 대통령 선거를 설명하는 데는 세 단어가 필수다. IMF, DJP 연합, 그리고 다자구도多者構圖다.

김대중 후보에게 위 세 개 중 하나라도 없었더라면, 아마 대통령 당선을 영원히 못 할 수도 있었으리라. 나라를 세우고 나면 개국 공신들의 등급을 매겨 공로를 치하하듯 이 셋을 놓고 순위를 매긴다면, 당연히 두 번 생각할 것도 없이 다자구도가 일 등이라고 하겠다.

김대중 : 이회창 : 이인제 = 40.3% : 38.7% : 19.2%

이 수치가 말해주고 있다. 김대중과 이회창의 차이는 겨우 1.6%P였다. 그런데 여기서 가장 주목해야 할 메시지가 있다. 3위 이인제의 득표율이다. 사실상 3파전이거나 원톱이 존재했던 선거를 제외하고 보면, 일곱 번의 대선에서 제삼의 후보가 얻은 득표율 중 가장 높다. 1992년 정주영보다 높고 2007년 이회창보다도 높았다. 그리고 1.6%P 차이는 모든 대선 역사상 1등과 2등 차이로는 가장 근소했다.

당시 이회창 측에서 막판에 사활을 걸고 퍼뜨린 말이 "이인제 찍으면 김대중 된다."였다. 큰 효과가 있었고 이인제 표를 상당 부분 이회창 쪽으로 옮겨가게 했다. 그러나 말이 씨 된다고 정말 그렇게 됐다. 이인제 덕에 김대중이 됐다.

김대중에게는 비토세력이 너무 컸다. 정말 빛이 강할수록 그림자가 짙어진다는 점잖은 표현으로는 부족할 정도로 안타까운 상태였다. DJ의 한계가 그쯤이었다. 34% 정도. IMF가 와서 경제가 파탄이 나도, DJP연합으로 충청도가 상당 부분 따라와 줘도 한계가 40% 선이었다. 이인제가 나오지 않았더라도 45%를 넘기 힘들었을 거다. 빨갱이와 전라도 그 지긋지긋한 덧씌우기와 왜곡 세뇌 공작으로 DJ는 독자적인 힘으로는 대권 쟁취는 불가능했던 것이다. DJ가 대통령에 당선된 것이 기적이라 불릴만한 이유가 거기에 있었다. 절대 혼자 힘으로는 될 수 없는 후보! 그게 DJ였기 때문이었다.

대통령은 하늘이 낸다는 말을 곧이곧대로 해석하고 1997년 한국의 대선에 적용한다면, 이인제는 하늘의 도구였다. 신神의 사자使者였다.

다자구도가 만드는 기적에는 '내'가 개입할 여지가 별로 크지 않다. 소위 하늘이 도와주는 수밖에 없는듯하다. 그러나 내면 깊숙이 들어가 보면 전혀 사람의 손길이 닿지 않는 것도 아닌 것 같다. 구체적인 것들을 말할 순 없어도 내게 유리한 다자구도가 형성되려 하는데 그걸 흩어지게 하는 우愚는 최소한 범하지 말자는 것이다. 아 그리고 다자구도를 만들어주는 것. 그걸로 인해 기적 같은 승리를 안겨주는 것은 신의 영역이라고, 그것뿐이어서 사람이 전혀 개입할 수 없다고 생각한다면 이건 어떤가.

브래드 베리는 10여 년간 쇼트트랙의 불모지 호주에서 국가대표를 하면서 훈련을 거른 적이 없었단다. 훈련 중 사고로 얼굴을 100바늘도 넘게 꿰매는 일도 있었고 목도 부러졌었고 척추도 골절되는 일까지 있었다. 그래도 그는 포기하지 않았다. 그리고 그 '세기의 행운'이 일어나기 전까지 그는 불운의 연속인 인생을 살고 있었다. 이 모든 게 예정된 일이 아닐까 하는 생각마저 들 정도였다. 역시 준비된 자에게만 시련을 거쳐 행운을 주나 보다. DJ도 그런 시각으로 보면 딱 맞아떨어지는 인생이다.

◇ 2022년 기적은 일어나는가

기적을 일으킬 사람들의 공통점이 눈에 들어온다. 시련을 겪은 사람들이다. 마치 오늘의 영광을 위해 신神이 준비시킨 듯한 시련 말이다. 보통 사람들 같았으면 진즉에 손들고 적당히 타협하는 길을 택했을 텐데 끝까지 뜻을 굽히지 않고 뭔가를 이뤄낸 사람들. 그 사람들이 도무지 설명하기 힘든 승리를 쟁취했다.

개인적으로도 숙연해지면서 많은 생각을 하게 만든다. 신이 있다면 그들의 승리는, 신마저 감동시키고 받은 신의 선물일 거란 생각이 들었다. 운이 안 따른다거나 되는 일이 없다고 말하는 사람들이 많다. 나도 그들 중 하나가 아니었나 하고 성찰해 보기도 한다. 우리 평범한 모두에게 시사示唆하는 바가 크다.

그런 의미에서 2022년 대선에서 기적이 일어난다면 어떤 식으로 누구에게 벌어질 것인가. 굳은 의지와 확신으로 한 길을 걸어온 사람, 개인의 영달만이 아니라 본질에 더 가까이 간 사람. 그 사람에게 doabradbury가 일어날 것이다.

이 책을 읽고 혹시 필자와 행운을 나누고 싶다는 생각이 드신 분은 연락해 주셔도 좋다. 필자의 이메일이다. 웬만하면 필자가 행운을 전해 드리겠다.

doabradbury@naver.com,
doabradbury@daum.net

II. 대통령 선거의
패턴과 결

역사는 반복된다

1. 역대 집권 여당 후보, 모두 차별화 시도

모든 집권 여당 후보는 현직 대통령과 차별화를 시도했다.

전두환의 절친으로 알려진 노태우도 예외가 아니었다. 짜고 쳤다는 말이 무성했지만 6 · 29선언 자체가 전두환과의 결별 선언이었다. '나는 보통사람입니다'가 그의 캐치프레이즈였다. 전두환의 권위주의 시대를 인정하고 끝낸다는 의미였다. 자기 가방은 자기가 들고 다니겠다고 해서 유머 소재로도 많이 쓰인 기억이 난다.

전두환에 대한 노태우의 마음은 실제로 그가 대통령이 되어 실권을 잡은 다음에 확실해진다. 5공 청문회가 바로 시작되었다. 전두환은 백담사로 귀양 가다시피 할 수밖에 없었다. 노태우는 전두환과 짜고 치지 않았던 것이다.

그나마 노무현이 '국민의 정부'의 자산과 부채를 모두 승계하겠다고 말은 했으나 충분히 차별화를 했다. 노무현 자체가 차별화였으니 의도적으로 DJ를 버리는 식은 아니었으나 적극적으로 포용하진 않았음도 분명했다.

정동영도 노무현을 내쳤다. 본인 선거를 하는데 노무현과 이명박에 초점이 맞춰져 있었다. "나는 노무현이 아니다. 이명박은 BBK 주범이다."라고 정동영은 외쳤다. 그런데 그것이 그의 선거운동 거의 전부였다.

박근혜는 아예 애초부터 이명박을 사람 취급도 하지 않았다. 그러다 보니 박근혜를 이명박 정권의 계승자니 뭐니 이런 공격을 해봐야 설득력이 전혀 없었다.

노태우는 김영삼이 못마땅한 나머지 알아서 자진 탈당을 해버린다. 김영삼은 적잖이 당황했다. 그러나 곧 조직을 추스르는 데 성공했고 노태우에게 마음의 빚을 털어버린 사건으로 받아들이게 된다. 그러고 나서 김영삼은 재임 중 전두환, 노태우를 거리낌 없이 구속시키고 사형까지 선고받게 해버린다.

현직 대통령과의 차별화를 시도한 집권여당 후보의 압권은 이회창이었다. 이회창은 공개적으로 김영삼의 신한국당 탈당을 요구한다. 심지어 포항에서 열린 대선필승결의대회에서는 이회창이 지켜보는 가운데 김영삼 허수아비를 두들겨 패고 화형식까지 했다. 이회창은 이를 전혀 말리지도 않았고 사과도 하지 않았다. 김영삼의 임기 말 지지도는 6%까지 떨어졌고 이는 다시는 깨지지 않을 기록이라고들 했다. 그러나 딱 20년 뒤에 박근혜가 4%로 기록경신을 해버렸다.

2. 충청의 선택을 받은 자가 승리했다

1971년을 포함시키면 총 여덟 번의 대선에서 87년 노태우를 제외하곤 나머지 일곱 번 모두 충청에서 이긴 자가 당선되었다. 87년에도 노태우, 김영삼, 김대중 3파전이었던 것을 감안하면, 셋 중에선 노태우가 일등이었기에 실질적으로는 '충청을 품에 안은 자가 이긴다.'라는 패턴에 예외가 아니었다. 특히, 당시엔 지역주의 투표성향이 극심했음에도 김종필에 이어 근소한 차이로 2등이었다는 점이 눈길을 끌었다.

심지어 1997년 대선에서는 이인제가 무려 19.2%의 득표를 했는데, 이는 역대 제삼의 후보가 얻은 득표율 중 가장 높은 것이었다. 그런데 그럼에도 불구하고 자신의 고향인 충청에서 DJ에게 밀렸다. 더 놀라운 것은 인구 10만도 안 되는 충남 논산에서조차 DJ에게 졌다는 것이다. 논산은 이인제의 고향이고 대선 후 그가 국회의원으로 당선된 지역구다.

또 있다. 이회창은 충남 예산에 선산이 있다면서 충청을 정치적 둥지로 삼았다. 전국적으로 50%에 가까운 득표를 했음에도 2002년 충청에서 노무현에게 졌다. 이회창 입장에서 봤을 때 1997년엔 이인제와 충청을 나눠먹기 했으니 그렇다 쳐도 2002년엔 노무현과 순수하게 양자대결이었음에도 안방이고 고향이라고 생각했던 충청에서 졌다는 것은 뼈아플 수밖에 없었다. 당시 득표율 차이가 겨우 2.3%인 것을 감안했을 때 더더욱 그러했다. 10%P를 이겼어야 했는데 오히려 10%P 차이로 졌으니 거기서 승부가 났다고 해도 과언이 아니었으리라.

3. 지역주의 투표성향 아직도 강하다

1987년이 사실 가장 심한 지역주의 선거였다. 김종필은 전국에서 8%를 득표했는데 충청도에서 1위를 했다. 그렇다면 수도권에서 충청 출신들의 표와 합하면 그 외 지역인들의 표는 거의 제로에 가깝다는 의미였다. DJ는 호남에서 몰표, YS는 부산 경남에서, 노태우는 대구 경북에서 높은 지지를 받았다. 경상도엔 공장이 많아서 타 지역 출신이 많았기에 호남과 더불어서 완벽한 싹쓸이 표심이었다.

1992년엔 김영삼이 '초원복집 사건'을 일으켜 지역주의에 기름을 부었다.

1997년엔 호남의 김대중 절대적 지지의 반작용과 이회창의 지역감정 조장 발언 등이 막판에 문제가 되기도 했었다.

2002년 한나라당의 조직적 지역감정유발 발언이 극심했다. 호남은 저렇게 단결해서 몰표를 주는데 우리도 그러자는 식이었다.

2007년 이명박의 여론조사 압승 예상으로 가장 지역감정 조장이 없었다. 이명박은 오히려 호남에 신경 쓰는 제스처를 보이면서 여유를 가졌다. 적어도 선거운동 기간에 보수당 후보가 지역주의에 전혀 기대지 않고 국민통합에 대한 메시지를 전하려 노력한 거의 최초의 선거였다.

2012년 박근혜의 경상도 내 인기는 하늘을 찔렀다. 호남에서도 10% 정도의 득표를 할 정도로 지역색이 살짝 약화되기 시작했다. 그러나 호남에서 문재인의 지지도가 여전히 90%였다. 호남의 몰표 성향은 지역주의에 기인한 것이 아니라 피해자의 한恨과 연관된 것이었기에 쉽게 없어지지 않을 거란 걸 다시 확인한 선거였다.

2017년 문재인 전국에서 골고루 득표했다. 호남에서 민주계열 대선 후보가 평균 60% 정도밖에 득표하지 못한 최초의 선거였다. 그 이전 여섯 번의 대선에선 모두 90% 수준의 득표율을 보였다. 이제 호남에서도 웬만해선 특정 후보에게 90%의 지지를 보내진 않을 것으로 본다.

2022년 양자대결이 예상되는바 또다시 지역주의 투표가 재현될 가능성이 없진 않다. 그러나 이전과는 확연히 다른 결과가 나올 것이다. 특히 호남과 TK에서 의미 있는 변화가 있을 것이다.

4. 6개월 남기고

D-6개월부터 D-day 사이에 판 전체가 크게 술렁일만한 사건이 일어나지 않은 때가 없었다.

1987년엔 6월 항쟁과 6 · 29가 있었다. 6월 항쟁으로 5공화국이 막을 내리고 6공화국이 탄생하는 꽝장한 사건이 일어났고, 2021년 현재 대한민국은 35년째 6공화국이다. 더불어서 김대중의 사면 복권이 있었고 김대중을 포함한 대통령 직선제가 부활했다.

1992년엔 9월 18일 현직 대통령 노태우의 민주자유당 탈당이 있었고, 10월 9일엔 여당 없는 거국중립내각이 출범했다. 2월엔 통일국민당이 창당했고, 5월엔 정주영이 대통령 선거 출마선언을 했다.

1997년엔 그 이름도 유명한 IMF 외환위기가 있었다. 대선을 불과 몇 달 앞둔 시점부터 중소기업 은행들 대기업들이 무너지기 시작했다. 수많은 실직자가 생겼고 경제가 끝없이 추락하는 듯했다. 이회창은 10월에 김영삼에게 신한국당 탈당을 노골적으로 요구하고 심지어 김영삼 꼭두각시를 만들어 화형식을 거행하기까지 했다. 결국 현직 대통령 김영삼은 대선을 2주 남기고 신한국당을 탈당한다. 여름에 이회창이 불을 지핀 전두환, 노태우에 대한 사면 논란이 계속되었다.

2002년 6월은 대단히 뜨거웠다. 온 국민이 열광했던 월드컵 4강 신화가 있었다. 노무현, 정몽준의 단일화가 대선 3주 남겨 놓고 있었다. 그리고 하루 전엔 드라마 같은 정몽준의 노무현에 대한 지지 철회가 있었다. 전체적으로 2002년은 그 자체로 역사의 한 챕터였다.

2007년 BBK 주가조작 사건이 계속 대두되었다. 대선 3일 앞두고 이명박의 BBK 본인 소유 발언 동영상이 나오기도 했다. 대선을 정확히 42일 남겨 놓은 날 이회창이 본인 인생 마지막 대통령 선거 출마선언을 한다.

2012년 9월에 안철수가 대선 출마선언을 한다. 11월 23일 안철수는 문재인으로 단일화 성명을 발표하고 후보를 사퇴한다. 그리고 대선을 일주일 남기고 국정원 여론조작사건이 일어난다. 민주당이 국정원의 댓글 조작이 벌어지고 있는 오피스텔을 급습하고 국정원 요원과 대치한다. 경찰은 사건 발생 4일 만에 무혐의로 발표해 버린다.

2017년 최순실 사태 촛불집회 연인원 1,500만 명 박근혜 탄핵 후 구속 수감. 대선이 7개월 앞당겨 치러졌다.

2022년 대통령 선거도 투표 6개월 전에 드라마틱한 일이 일어날까? 역사와 전통을 이어갈 것인가? 아마 그렇게 되지 않을까?

5. 임기 말 인기 추락 및 레임덕

이승만부터 박근혜까지 예외 1명 없이 모든 대통령이 임기 말 인기가 추락했다. 당연히 레임덕도 따라붙어 악순환이 일어났다.

이승만, 박정희, 전두환, 박근혜는 끌려 내려왔거나 법과 국민 앞에 무릎을 꿇어야 했다. 나머지 대통령들도 퇴임 후를 걱정해야 하는 처지로 전락해서 청와대를 조용히 빠져나갔다. 김대중 정도만 편안한 마음으로 퇴임했으나 그마저도 대북송금 특검으로 측근들이 감옥에 가게된다.

임기 말 지지도로는 퇴임 1년을 남겨둔 시점에서 김대중이 가장 높은 30% 정도를 유지했을 뿐 나머지는 그보다 훨씬 못 미친 경우가 많았다. 문재인은 임기를 1년 3개월 남긴 시점에서 40%를 유지하고 있으니 꽤나 높은 수준이다. 몇 개월만 지금 상태를 유지한다면 기록적인 선방이라고 할 수 있을 것이다. 부동산 정책 실패에도 불구하고 야당과 코로나가 역설적으로 우군 역할을 하고 있어서 가능한 지지율이라고 본다. 그러나 코로나라는 위기가 문재인을 살렸으나 언제든 돌변할 수도 있으니 지켜볼 일이다.

6. 퇴임 후 영향력 제로

지금까지 1948년 이승만 이후로 퇴임한 대통령은 모두 퇴임한 순간부터 현실정치에 있어 영향력이 제로에 가깝게 되었다. 예외 단 1명도 없었다. 미국이나 서구 선진국 그리고 일본까지 포함해도 이런 나라는 민주주의가 정착된 데서는 찾아볼 수 없다.

햇볕정책을 계승하겠다는 노무현 정부 아래서 DJ는 노벨평화상 수상자이고 같은 당 후계자가 정권을 잡은 마당이었기에 한반도 통일과 관련해서 뭔가 상당한 역할을 할 줄 알았다. 특히 그가 민주세력과 호남에서는 절대적인 힘을 가지고 있었기에 그의 영향력이 지속될 줄 알았다. 그러나 노무현은 열린우리당을 창당해서 민주당과 결별 해버린다.

그 외에는 아예 현직 대통령과 남남 원수가 되어 버린다. 계파라든가 심복을 통한 정치개입은 가뭄에 어린싹 말라죽듯 초라하기 그지없었다. 예우는커녕 견제와 감시의 대상일 뿐이었다. 심지어는 노골적인 탄압도 받았다.

문재인 대통령은 퇴임 후 어떤 삶을 살 것인가. 그의 소망대로 경남 양산에서 소박하게 텃밭 가꾸면서 조용히 보낼 수 있을 것인가. 글쎄, 쉽지만은 않을 것 같다. 본인 스스로 정치에 직접 개입하려 하진 않을 것으로 보인다. 그러나 역사가 말해준다. 본인의 희망 사항대로 안 될 확률이 더 높다고 본다.

프레임

1. 프레임의 힘

프레임에 대한 정의는 마케팅에 관한 정의만큼이나 다양하다. 몇 가지 유명한 것들만 추려보고 내가 생각하는 프레임에 대해서도 덧붙여 보겠다.

- "세상을 바라보는 방식을 형성하는 정신적 구조물"
- 조지 레이코프가 〈코끼리는 생각하지 마〉에서 내린 정의로, 가장 근사함
- "세상을 바라보는 마음의 창"
- 최인철이 〈프레임〉에서 간결하게 말함
- "선거에서 내게 유리하게 될 함축된 의미가 들어 있는 단어나 문장"
- "선거에서 나 자신, 상대방 또는 기타 것들에 대해 규정 짓기"

선거에선 프레임 전략이 엄청나게 중요한데, 그 이유는 이것이 선거 전반을 지배할 수도 있기 때문이다. 다시 말해서, 프레임은 선거의 정수精髓이고 판도를 바꿔 놓을만한 위력을 갖고 있다.

"내가 갑자기 선거에 나가게 되고 100일이 주어진다면, 80일간은 프레임을 연구하리라. 그리고 나머지 20일은 그 프레임을 목이 터져라 외치리라."

- Sowon Sky -

◇ '이제는 안정입니다'

역대 최고의 프레임 중 하나다. 함축된 의미가 여럿이다. 지난여름의 민주주의를 향한 민주시민들의 열정과 희생 노력들을 부정하지 않았다. 그래서 여러분이 해냈다고 인정하는 듯하다. 민주주의는 이미 이루어졌으니 새 시대를 펼쳐나가야 한다고, 이제 추스르고 나아가자고, 차분히 미래를 말하고 있다. 김영삼, 김대중을 혼란 조장 인물들로 규정짓고 있는 듯하다. 1987년 '보통사람' 노태우의 작품이다.

◇ "우리 경상도에선 살인자는 용서해도 배신자는 용서하지 않는다."

홍준표가 어록으로 남길만한 말을 했다. 이 프레임은 홍준표가 유승민을, 독자적인 힘으로는 거의 재기 불능으로 만들어 버린 대단한 효과를 냈다. 본인을 TK의 맹주로 자리매김하는 데 상당한 도움을 줬다. 우리 경상도라는 말에선 본인이 경상도의 대표주자라는 느낌도 줬다. 정적을 제거하는 데 프레임만 한 도구가 없다는 것을 여실히 보여준 사례다.

◇ "공공의대 시민단체 추천 입학"

공공의대에 시도지사 추천으로 입학할 수 있다는 사실이 논란이 되자 복지부가 해명한 것이 "공공의대 후보 학생 추천은 전문가, 시민사회단체 관계자 등이 참여하는 시·도추천위원회를 구성해 진행한다."였다. 그러자 의사협회가 시민단체라는 단어를 골라냈다. 인터넷상에선 운동권들이 자기 자식들 셀프추천해서 의대 보내려고 만들려 하는 것이 공공의대라는 식으로 유언비어가 돌았다. 대한의사협회가 의도적으로 프레임 전략을 짠 것인지는 모르겠으나 대단히 효과적이었다. 코로나로 공공의료의 필요성이 최고조에 달한 상태일 뿐 아니라 OECD 국가 중 인구비례 의사 수가 현저히 적은 현실에도 불구하고, 기득권 의사들은 10년 한정으로 연간 400명씩 공공분야에서 일할 의사 수를 늘리겠다는 정부의 '소박한 계획'마저도 무마 보류시키는 데 성공했다. 의사들의 밥그릇 지키기가 도를 넘었다며 싸늘했던 여론이 상당한 변화를 일으킨 이유는 이것 말곤 전혀 찾을 수 없었다. 시민사회단체들은 인정하지 않을 수도 있겠고 억울한 측면도 있겠으나, 기부금 등 공금 횡령과 서류 위조 입학 등등의 부정적 이미지가 시민단체라는 단어에서 연상이 되고 있기에 그런 파괴력의 프레임이 가능했다. 최순실 딸과 조국 딸을 떠올리게 했으니 얼마나 훌륭한 프레임이었나.

2. 100년 동안 딱 세 번

1920년부터 2020년 바이든까지 100년 동안 정상적인 현직 대통령이 재선에 실패한 경우가 딱 세 번밖에 없었다. 72년 워터게이트사건과 닉슨의 사퇴로 얼떨결에 연이어 부통령과 대통령에 거듭 취임한 후 대선에 출마해서 패한, 다소 비정상적인 경우를 빼면 딱 세 번뿐이다.

마지막 케이스인 2020년엔 바이든이 이겼다기보다는 트럼프가 진 선거였다. 나머지 두 번이 프레임이라는 시각으로 볼 때 아주 의미가 크기에 여기 올린다.

◇ "Are you better off than you were 4 years ago?"

"4년 전보다 좀 나아지셨나요?" 1980년 레이건이었다. 우리나라에 건너와선 2002년 권영길이 "여러분 살림살이 좀 나아지셨습니까?"로 바꿔서 다시 한번 히트시켰다. 당시엔 세계 경제가 침체기였다. 현직대통령 카터가 뭐 그리 크게 잘못한 것도 아니었다. 이 질문 형식의 슬로건은 다음의 서브 슬로건을 만나서 더 빛을 발한다.

- It's a recession when your neighbor loses his job; it's a depression when you lose yours.
- 경기불황은 당신 이웃이 실직했을 때 얘기고, 참담함은 당신이 실직했을 때의 기분이다.
- Depression is when you lose yours. And recovery is when Jimmy Carter loses his.

- 경기 침체란 당신이 직업을 잃는 것이고, 지미 카터가 대통령에서 물러나는 것이 회생의 시작이다.

Depression, lose, you, your job 이런 단어들을 자연스럽게 연결시켜 공포 프레임을 형성했다. 그리고 4년 전보다 나아지셨냐고 물었다. 그리고 나서 이렇게 결정타를 날려 마무리 짓는다.

◈ "Make America Great Again!"

당신의 일자리를 책임지겠습니다, 경기를 회복시키겠습니다, 뭐 이런 수준을 확 넘어버린다. 저 레이건과 함께 위대한 미국인이 되어 세계를 향해 나아가자는, 듣는 이에 따라서는 가슴 벅찬 슬로건이었다.

◈ "It´s economy, Stupid!"

"문제는 경제라니까 이 답답한 사람아!" 정도로 해석됨이 적당하지 않을까? 미국도 예의라는 게 존재하는 나라다. 대통령씩이나 하려는 사람이 상대 후보에게 "에라 이 바보야!"라고는 하지 않는다. 적어도 "문제는 경제라니까, 아유 멍청하긴!" 이 정도?

1992년 클린턴은, 걸프전 승리로 한껏 인기가 높아진 현직 대통령 부시를 상대로 승리했다. 부시는 경기 침체에서 지금 벗어나 경제가 활기를 찾아가고 있다고 강변했으나 유권자들은 아직 피부로 느끼지 못할 시점이었다. 객관적으로 보자면 경제 문제는 이렇게 볼 수도 있고 저렇게 볼 수도 있는 상황이었다. 그걸 클린턴은 경제 정책의 실패로 규정지어 버렸다. 그것도 처참한 무능력으로 인한 실패로.

　이후 부시가 토론이든 연설에서든 경제 이외의 다른 문제에 대해 언급을 할라치면 유권자들의 머릿속에는 '멍청하긴, 문제는 경젠데 저 사람은 뭔 딴소리야'라는 생각이 떠올랐다. 그야말로 '코끼리는 생각하지 말라고 할수록 코끼리가 생각나는 것'과 같은 효과가 나타난 것이다.

　이번 2022년 대선에서도 프레임은 그 위력을 유감없이 발휘할 가능성이 크다. 부동산, 코로나, 경제, 일자리, 복지, 남성 여성 등등 '꺼리'가 많다.

　연구하면 할수록 왜 선거가 '프레임 전쟁'인지 알 수 있었다. 조지 레이코프가 정의했듯 '프레임은 세상을 바라보는 방식을 형성하는 정신적 구조물'이다 보니, 선거가 프레임에서 결판나는 것은 당연한 일일 것이다. 그래서 나는 다시 한번 이렇게 강조하련다.

"내가 갑자기 선거에 나가게 되고 100일이 주어진다면, 80일간은 프레임을 연구하리라. 그리고 나머지 20일은 그 프레임을 목이 터져라 외치리라."

- Sowon Sky -

투표의 원리

1. 투표하는 사람들의 심리

"싸게 사서 싸게 팔아라. 그리고 팔 때 웃어라! 이 세 가지만 명심하라"

- 월마트 창업자 샘 월튼 -

투표하는 사람들의 심리는 다음 세 가지로 구성되어 있다.

1. 좋아하는 사람 예뻐해 주기
2. 싫어하는 사람 미워해 주기
3. 주변사람 따라 분위기 타기

이 세 가지로 대부분의 투표 행위는 설명이 가능하다.

투표 행태를 좀 더 깊이 분석하자면, 2번+3번이 가장 강력하다. 호남지역에서 광주학살 계승 정당에 투표하지 않는 것이 대표적이다. 경상도에서 김대중 이유 없이 싫어하는 분위기가 김대중 사후死後까지 지속된 것도 마찬가지로 설명 가능하다. 다음 1번+3번이다. 이것도 강력하다. 김대중이 직접 출마했을 때 호남에서의 전폭적 지지를 받은 것과 박근혜가 TK에서 열광을 받은 것 모두 비슷하다. 그러나 이젠 두 경우 모두 예전과 같은 퍼센테이지로 나타나긴 힘들 것이다. 또 모를 일이긴 하지만 적어도 이번 대선에서는 호남의 DJ나 2012년 TK에서의 박근혜 같은, 퍼펙트에 가까운 지역과 인물의 결합은 나오지 않을 것이 확실하다.

그런데 이 셋 중 그래도 가장 위력이 강한 것을 고르라면 '싫어하는 사람 미워해 주기' 되겠다. 마케팅 업계에 이미 검증되고도 수없이 검증된 이론이 있는데 그것은 바로 불만 고객이 수십 배 더 열성적으로 자신의 경험담을 널리 퍼뜨린다는 거다. 바로 그 이론이 여기 똑같이 적용된다. 싫어하는 후보가 있는 사람은 주변 사람들에게 훨씬 더 큰 영향을 끼칠 거라는 얘기다.

한편, 의외로 정치에 별 관심 없는 사람들이 많다. 몰라도 너무 모르는 사람들이 많은데 그렇다고 그들이 투표조차 안 하느냐 그건 또 아니다. 이때 그들의 '선정' 기준은 주변 사람들에게서 한두 마디 주워들은 후보들에 대한 '사소한' 평가다. 노골적으로 누굴 찍어야 하느냐고 묻는 사람들도 많다. 실제로 나는 대선 때면 늘 한 백 표 정도는 내 마음대로 할 수 있었던 것 같다. 이번 대선 같은 경우는 내가 맘먹고 하면,

글쎄 파생되는 것까지 하면 천 표는 훨씬 넘을 것 같다. 나는 사람들이 누군가를 싫어하게 만드는 메카니즘을 알고 있기 때문이다.

상대 후보를 싫어하는 사람을 많이 만드는 것이 가장 확실한 선거운동 방법인 이유가 여기 있다. 특히 양자대결에선 더더욱 효과적이다. 상대 후보를 싫어하게 만들어라. 단, 세련되게 하라. 그리고 점잖고 품위 있게 제안하라.

"그럼 저는 어때요?"

실전에선 이런 방식이 있다. '노사모' 스타일의 확실한 '친위대'가 있는 후보라면 시도해볼 만하다. 상대 후보의 약점과 단점을 정리한다. 그리고 약점도 단점도 아닌 단순 특성들도 나열한다. 그 중엔 예를 들면 교회 장로라든가 변호사라든가 재산이 어느 정도라든가 집이 몇 채라든가 이런 것들도 포함되어 있다. 그런 연후에 교회 다니는 사람들을 싫어하는 사람에겐 그 후보 교회 장로라고 말해준다. 이명박도 장로였고 김영삼도 장로였다고 분위기 잡으면서 말이다. 반대로 교회를 열심히 다니는 사람들에게도 말해준다. 그 후보는 사모가 문제라고. 구설수에 오른 거 몇 개 알려주면 끝이다.

좀 가볍다고 생각할 수도 있다. 그러나 '꿩 잡는 게 매'인 법이다. 다음에 이어질 주제를 설명하기 위해 가볍게 몸을 풀어 봤다.

2. 本 - 利本

선거 캠페인의 본질은 차별화
차별화의 본질은 네거티브

- Sowon Sky -

송양지인_宋襄之仁과 한문지인_韓文之仁

기원전 648년 송宋나라 제후인 양공襄公은 강을 건너오는 초楚나라 대군을 바라보고 있었다. 홍수泓水라는 강가에 송나라 군사들은 진용을 갖추고 도열해 있었다. 그들은 왕의 명령, 즉 양공의 명령을 기다리고 있었다. 그러나 왕은 미동도 하지 않았다. 참다못한 재상 목이가 간청한다.

"제발 공격 명령을 내려 주십시오. 적이 상륙하기 전에 선공先攻을 해야 합니다. 적이 상륙하면 저희는 절대적으로 불리합니다."

그러자 양공이 크게 꾸짖는다.

"적이 어렵다고 그걸 틈타 공격한다면 진정 군자라 할 수 있겠느냐. 그렇게 이긴다면 다른 나라에서 우릴 손가락질하고 욕할 것이 분명하다."

결국 송나라 군대는 초나라 군대가 강에 상륙하고 전열을 모두 가다듬을 때까지 기다렸다가 싸움을 시작했다. 예상대로 숫자가 많은 초나라 군대가 송나라 군대를 대파했다. 양공은 큰 부상을 입고 얼마 안 가 죽었고, 송나라는 큰 위기에 빠지게 되었다. 송양지인宋襄之仁의 고사는 그렇게 나온 것이다. 당연히 속뜻은 명청한 짓을 했다는 비아냥이다.

문재인은 2012년 대선에서 선거일을 보름 앞두고 네거티브를 하지 않겠다고 선언하고 정책으로만 승부하겠다고 선언한다. 과연 잘한 일이었을까? 물론 문재인이 15일간 네거티브 안 한 것이 패배의 결정적 요인이었다고 말할 수는 없다. 그러나 네거티브는 나쁜 것이 아니라 오히려 선거운동의 본질이라고 주장하고 있는 나로서는 고개를 절레절레 흔들 수밖에 없었다. 선거 캠페인의 근본이 차별화이고 차별화란 것 자체가 네거티브를 바탕으로 한 개념인데 네거티브를 안 하겠다니. 그건 네거티브를 좁게 해석했거나, 배를 산으로 몰고 가겠다는 것이나 다름없었다.

유사有史 이래로 차별화 없이 히트한 아이템이 있었을까? 없다. 아이템이란 단어 속엔 사람부터 시작해서 모든 유·무형의 상품이 들어 있다. 차별화가 성립하려면 '다른 것'들이 있어 줘야 한다. 조연, 악당, 엑스트라 이런 것들 말이다. 내가 다른 것들보다 낫다는 말 자체가 다른 것들은 못났다는 뜻이다. 그게 네거티브인 것이다.

양자대결에선 특히 더하다. 내가 하는 모든 언행은 네거티브가 될 수밖에 없다. "내가 해 줄게요."는 "쟤는 못해요."라는 뜻이다. "나는 잘할 수 있어요."라는 말은 "쟤는 절대 못 할 거예요."라는 뜻이고. "나는 이런 길을 걸어왔어요."라는 고백은 "쟤는 평범하게 살았어요."라는 표현이다. 이걸 이해해야 한다.

대통령 선거는 다른 선거와는 확연히 다른 특성이 있다. 그것을 연구하다 보니 자연스레 전체를 관통하는 하나의 맥이 있음을 깨달았다. 그것을 설명하는 키워드는 차별화 네거티브였다. 그런데 그것만으로는 설명하기 힘든 개념이 존재했다. 나는 그것을 내 나름으로 정의 내릴 수밖에 없었다. 지금부터 설파說破해보겠다.

- 본本 : 특정 후보를 반대하게 만드는 그 무엇
- 리본利本 : 本으로 인하여 저절로 얻는 반사이익 또는 반사이익을 얻는 후보

- 本 적용 시 반드시 생각할 것 : 利本이 있는가
특정 후보를 싫어하게, 반대하게 만들었는데 그게 오히려 부메랑이 되어 내 발등을 찍으면 안 되니까.

2008년 미국부터 가 보자.

◇ **버락 오바마 vs 존 매케인**

존 매케인 공화당 후보는 공화당에선 말할 것도 없고 범국민적으로도 상당한 존경을 받는 인물이었다. 중도 개혁적 인물로 대통령이 될 만한 자질이 충분해 보였다.

Change! vs Country First!

오바마의 슬로건은 Change!였다.

We can believe in change. Yes, we can!

Change라는 단어가 프레임을 형성했다.

오바마는 매케인이 부시 전 정권에서 부시의 정책에 90% 찬성했다고 몰아붙였다. 구시대적 인물로 흘려보내기 시작했다. Change라는 프레임에 착착 안긴 것이다. 매케인의 가장 큰 업적이자 이미지는 월남전 영웅이었다. 월남전 자체가 그런데 40년 전이었다. 따라서 매케인의 나이도 오바마보다 무려 25살이나 더 많았다.

Change! Yes, we can! 안에는 이렇게 차별화, 네거티브, 프레임 공격이 모두 포함되어 있었던 것이다.

오바마의
• 本 : 매케인은 구시대적 인물. 부시 정부와 대동소이大同小異

• 利本 : 젊은, 최초의 흑인 대통령 그 자체가 엄청난 변화

◇ 2016년 도널드 트럼프 vs 힐러리 클린턴

Make America Great Again! vs Stronger Together!

트럼프의 구호는 미국 근래 공화당 대통령 중 가장 인기 있었던 레이건의 슬로건을 그대로 가져온 것이었다. 이 구호는 1980년 당시에도 상당히 효과가 좋았다.

트럼프는 힐러리 자체를 本으로 삼았다. 오바마는 흑인이었고 힐러리는 여성이었다. 사람들이 잊고 있을까 봐 그것을 강조하고 싶었던 것이다. 트럼프는 24년이나 미국 최정상 정치인이었던 힐러리만큼이나 대중에게 알려져 있었고 결코 좋은 이미지가 아니었다. "누가 더 최악인가?"라는 투표 기준이 공공연히 회자되고 있었다. 그래도 힐러리가 덜 나쁘다는 쪽이 더 많다는 여론조사가 계속 이어졌다.

트럼프는 America와 Again이라는 단어로 프레임 공격을 시도했다. 백인, 그중에서도 남성을 결집시키려는 의도였다. 성공적이었다. 그에 반해 힐러리의 전략은 '물에 술 탄 듯'이었다. 트럼프의 혐오 이미지에 따른 반사이익과 오바마의 인기에 편승한 듯했다. "Stronger

Together"는 거의 무의미無意味에 가까웠다. 힐러리가 식상하고 문제가 많았지만 그래도 트럼프보단 낫다는 여론이 주류였다. 그리고 여론조사 결과에 취해 그다지 긴장감이 없는 선거운동을 한 것도 패배의 이유라면 이유였다.

4년 전 오바마에게 투표한 백인들은 43%였다. 그런데 2016년 힐러리는 전체 백인들 표 중 37%를 얻는 데 그쳤다. 전체 백인의 58%가 트럼프에게 몰려간 것이다.

트럼프의
• 本 : 흑인에 이어 여성 대통령? 우리 America에?
• 利本 : 여긴 America, 위대한 미국의 주체는 백인 그리고 우리 남자들이지. 나 트럼프가 전형이다.

◇ 2020년 도널드 트럼프 vs 조 바이든

America First! vs Battle for the Soul of the Nation!

사실 이번 대선은 트럼프의 놀라운 성적을 말하고 싶다. 프레임이나 선거 전략으로 볼 때 바이든은 트럼프의 상대가 되지 못했다. 트럼프의 상대 후보 '아무나'가 이긴 거지 바이든이란 후보가 이긴 것이 아니었다.

America First! Keep America Great!

America, First, Keep 세 단어에 주목한다. 지지층을 결집시키고 외연 확장 가능성도 느낄 수 있는 프레임이다.

미국은 2020년 내내 코로나로 수십만 명이 죽었고 매일 20만 명이 감염되고 있었다는 사실을 상기할 필요가 있다. 의료체계가 붕괴되었고 시체들을 담을 Bag이 부족할 정도로 나라가 거의 전시戰時상태나 다름없었다. 그렇게 혼란스럽고 실정을 거듭했음에도 트럼프가 전체 득표에서는 거의 밀리지 않았다. 이건 정말 트럼프의 놀라운 저력을 보여준 선거였다. 나는 심지어 전략적으로만 놓고 보면 그의 승리라고까지 본다. 코로나 실업수당 과감한 지급, 경기 부양 등 임기 내내 그가 한 모든 일들이 선거운동이었다는 것을 감안하더라도 대단한 성과임엔 틀림없다. 미국 230년 선거 역사상 바이든이 가장 많은 득표를 했고 근소한 차이로 트럼프가 두 번째로 많은 표를 얻었다. 사람들은 트럼프에 반대하기 위해 투표장에 갔고 트럼프를 사랑해주러 투표장에 갔다.

트럼프의
- 本 : 민주당은 빈민貧民 이민자 유색인종의 대변 집단, 쓸데없이 미국 밖에다 세금을 낭비하는 집단, 중국에 확실한 제재를 못 가하는 집단.
- 利本 : 미국 국익 우선주의. 중국 따위는 발아래 놓은 위대한 미국.

진정한 미국인, 강한 백인, 미국인 대표 트럼프.

1997년 격동의 대한민국으로 가 보자.

◇ 김대중 vs 이회창 vs 이인제

IMF 환란으로 나라 전체 분위기가 암울했다. 사상 최초의 국가적 경제 위기에 모두들 어찌할 바를 모르고 불안하기만 한 시기였다.

준비된 대통령 vs 깨끗한 정치 튼튼한 나라 vs 젊은 한국 강한 나라

김대중의 공식 구호는 '든든해요 김대중, 경제를 살립시다'였다. 그러나 '준비된 대통령'이 회자되기 시작하면서 나머지는 모두 묻혔다. 슬로건만 펼쳐놓고 봤을 때 그 시절을 전혀 모르는 한국인이 있다면 어떤 후보가 당선되었을 거라 추측하겠는가. 아마 '준비된 대통령'이 압도적이지 않을까?

김대중의
• 本 : 경제 위기로 나라가 위태로운데 너희 둘(이회창, 이인제)은 경제에 대해 모르지 않느냐, 나는 나라를 맡을 준비가 돼 있다.
• 利本 : 경제 해박한 김대중, 40년 정치 인생 노련하다. DJ 똑똑한

거는 인정한다.

이회창의

- 本 : 김대중은 김대중이다. 전라도다.
- 利本 : 전라도와 김대중을 싫어하는 경상도 민심의 대표주자는 이회
  창. 이인제보다 지지율이 높기에 이인제 표는 사표死票일 뿐
  아니라 김대중을 도와주는 꼴.

"이인제 찍으면 김대중 된다." 차별화와 네거티브가 아주 효과적으로
작동한 프레임

1987년이다. 16년 만에 대통령 직선제가 부활했다.

◇ 노태우 vs 김영삼 vs 김대중

이젠 안정입니다 *vs* 군정종식 *vs* 대중은 김대중

김영삼의

- 本 : 군사독재정권을 끝장내자. 노태우는 군사독재 후계자.
- 利本 : 김대중이 후보 사퇴를 해야 한다. 김대중 표는 다 내게 온다.
  내 표는 김대중에게 다 가진 않는다. 내가 단일화 적임자다.

김대중 : 뚜렷한 전략이 없어 보였다. 김영삼은 멍청해서 대통령감이 아니라고 대놓고 말할 수도 없는 노릇 아닌가. 그러니 지역주의 선거가 되어 가는 걸 눈 뻔히 뜨고 지켜볼 수밖에. 그리고 본인도 '4자 필승론'에 귀가 솔깃해져 있는 상태였다.

노태우의
- 本 : 혼란 그만, 이젠 안정.
- 利本 : 6·29로 민주주의 완성. 혼란 부추기는 선동 정치꾼이 아닌 안정감 있는 여당 후보.

◇ 2012년 박근혜 vs 문재인

준비된 여성 대통령 *vs* 사람이 먼저다

박근혜의
- 本 : 노무현 정권은 실패한 정권이고 문재인은 그 최고 실세임. 따라서 실패한 정권의 책임자.
- 利本 : 박정희의 적통, 박정희는 실패하지 않았음. 박정희를 최고의 성공한 대통령으로 생각하는 사람들도 많음.
  박근혜 = 박정희

양자대결이었으므로 문재인과의 차별화는 직접 반사이익. "문재인은 노무현 정부 최고 실세" 프레임 공격이 통했다고 봐야 함. 아예 참여정부는 실패한 정부라는 전제가 깔려 있음. 문재인은 이것을 부인하고 설명해야 하는 의무까지 지게 되었음. 최고 실세라는 표현도 부정적. 인권 탄압 독재정권이란 프레임 시도에 박근혜는 산업화 업적으로, 박정희는 실패하지 않았다고 당당히 말하고 오히려 박정희 향수를 이용함. '프레임 전쟁'에서 문재인 완패.

선거는 세계 신기록 세우는 경기가 아니라 같이 플레이한 선수들보다 조금이라도 낫기만 하면 되는, 일종의 시합이다. 양자대결일 경우엔 한 명만 이기면 되는 셈이다. 내가 잘해서 이길 수도 있지만 상대가 못하면, 또는 못하게 하면(수단 방법을 가리지 말라는 의미는 아니다) 그것이 '모로 가도 서울 가는 길'이다.

선거는 여자심리다

"Women. They are a complete mystery!"

- 스티브 호킹 -

우주의 원리는 알겠는데 여자의 마음은 도저히 모르겠다고 하신 스티브 호킹 선생의 말씀을 굳이 빌리지 않더라도 세상에서 가장 종잡을 수 없는 것이 여자 마음이라는데 대부분의 남자들이 동의할 것이다. 그런데, 여자들에게 물어보면 좀 다른 대답이 나오기도 한다. 자신들은 알고 보면 매우 단순한 지적知的 동물이란 것이다. 남자들이 여자를 오히려 배배 꼬아 놓는 것 같다고 한다. 곰곰 생각해보면, 일견 일리가 있는 말이란 생각이 든다.

선거도 여자심리와 비슷한 양상을 보이곤 한다. 단순하게 보면 한없이 단순하고 복잡해지기 시작하면 우주의 신비보다 더 어렵다. 당신이 실전 선거에 임한다고 생각해보라. 그렇다면 어떤 방식으로 접근해야겠는가. 답은 나와 있다.

1. 418 : 165

1997년 영국 총선에서 노동당이 역사상 유례없는 만화 같은 대승을 거뒀다. 토니 블레어가 이끄는 노동당이 18년 만에 정권을 잡는 일이 벌어졌다.

토니 블레어의 노동당은 선거 내내 거의 한 가지만을 외쳤다.

"보수당은 18년간 집권했습니다. 바꿔볼 때가 됐습니다."
"18년 장기집권 보수당 이번엔 한 번 바꿔봅시다."

당시 보수당은 그렇게까지 죽을죄를 지은 것이 아니었다. 약간의 경기 침체 정도였다. 1997년이면 우리나라를 비롯하여 세계가 외환위기를 겪을 때다. 그렇다고 우리나라처럼 나라가 망하는 분위기와는 전혀 거리가 멀었다. 그런데도 저런 영화 같은 스코어가 나왔다. 당사자들도 너무 놀라서 입을 다물지 못했을 정도였다.

2. 327 : 153

2005년 일본 중의원 선거 고이즈미의 자민당 압승. 자민당 296석 공명당 31석 여당 합 327석이었다. 이는 헌법 단독 개정 가능한 의석 수였기에 더욱 의미가 컸다.

이 선거는 근본적으로 우정 민영화 법안이 참의원에서 부결되자 내각에서 중의원 해산 결정을 내리면서 시작된 총선이긴 했다. 그래도 그렇지 고이즈미 총리는 모든 선거 이슈를 다 묻어버리고 우정郵政민영화 하나만을 얘기했다. 다른 이슈는 거의 대꾸조차 하지 않았다. 전국을 돌며 "그러니까 우정 민영화해야 합니까, 말아야 합니까?" 이 소리만 했다. 우정 민영화에 조금이라도 토를 다는 세력은 모두 반개혁 세력으로 몰아붙이는 프레임 구성에 성공했다.

3. 1997년 대한민국 대선 39만 표 차 박빙

지금 복기復棋하면서 다시 봐도 참으로 복잡한 꺼리들이 많은 선거였다.

이회창 아들의 병역 비리 의혹, 이회창의 YS 탈당 요구, 이회창의 YS 인형 화형식, 이인제 경선불복 독자신당 창당 후 출마 강행, YS 자신이 만든 신한국당 탈당, DJP연합 성사, IMF로 상징되는 사상 초유의 환란으로 국가 경제 위기 상태, 전두환 노태우 사형 선고에 이은 사면 논란, DJ에 대한 색깔론 재현, DJ와 전라도에 대한 지역갈등 유발 시도, 이회창의 북풍 공작 사건 '총풍' 발각, '이인제 찍으면 김대중 된다.' 이 중 대부분이 대선 6개월 안쪽에서 벌어진 일들이었다.

이회창은 수단 방법 가리지 않았다. 지역감정 유발은 기본이었고, 인기가 이미 바닥 뚫고 지하실까지 내려간 현직 대통령 김영삼에 대해서도 잔인할 정도였다. 북한에 선거일 즈음해서 판문점 근처에서 총을 좀 쏴달라는 공작까지 감행했다. 전두환, 노태우에게는 비굴할 정도였다. 어떻게든 추석까진 사면시켜드리겠다고 교도소에 사람 보내서 약속까지 했다. 오히려 아들 병역 문제는 법적으로는 문제가 없었다. 그의 모습은 지금에 와서 보니 대통령이 될 수만 있다면 뭐든 하겠다며 이리 뛰고 저리 뛰고 가벼우면서 정신없는 사람처럼 보인다. 국민과 대의명분, 그리고 국정 철학이 안 보인다. 단순함과 우직함은 더더욱 없고.

데이트건 연애건 결혼생활이건 여자는 하나의 독립된 인격체이므로 남자 혼자 잘한다고 해서 모든 게 순조로울 수는 없다. 선거도 내가 어쩔 수 없는 시대 상황이란 게 있다. 내가 단순하게 만들려고 아무리 노력해도 안 되는 부분이 있다. 그러나 기본적으로 선거는 단순화시켜서 보고 행동해야 한다. 여자도 너무 복잡하게 바라보면 스텝 꼬이는 것은 예정된 일인 것처럼 말이다.

버릴 거 버리자, 아낌없이 버리자. 그렇게 단순화시키자.

4. 1 : 3을 1:1로

김영삼은 노태우와도 싸워야 하고 김대중과도 싸워야 했다. 충청에
선 김대중과도 싸워야 했다. 또 다른 의미로 충청에서 김종필과도 싸웠
다. 김대중도 마찬가지였다. 김영삼과 똑같았다. 그러나 노태우는 달랐
다. 김영삼, 김대중, 김종필 셋을 묶어서 하나로 만들었다. 민주화 시위
를 혼란이라는 프레임을 짜서 넣어 버렸다. 김종필은 무시해버렸다. 안
정이라는 프레임으로 국민들에게 호소했다. "이제는 안정입니다. 보통
사람 노태우가 하겠습니다." 이것만으로 선거를 치렀다. 모두를 싸잡아
서 혼란 세력으로 몰아 버렸다. 단순화에 성공한 것이다. 1:3을 1:1로
만드는 데 성공한 것이다.

III. 시대정신

지도자에게 달려있다

시대정신은 어떤 정책 하나를 수행하는 일이 아니다. 철학이란 것이 단편적인 어떤 행동 하나만을 의미하는 것이 아닌 것과 마찬가지다. 철학은 인간의 행동들을 지배하고 행동과 말들이 모여 그 사람의 철학을 이루기도 한다.

시대정신은, 시대정신에 대한 확고한 철학과 가치관이 확립되었으면서 추진력과 소통 능력을 갖춘 이가 권력을 가졌을 때 구현 가능성이 크다.

시대정신은 그 시기에 절실한 국가적 과제를 의미하기도 하지만 미래 발전, 후손 행복의 초석을 다진다는 의미도 강하다. 그 당시에 간과하고 대충 지나가면 타이밍을 놓치게 되어 나중에 훨씬 큰 대가를 치러야 하는 주제라는 뜻이다. 대가를 치르고라도 회복이 되면 다행인데 아예 땅을 치고 후회해봐야 소용없게 되어버릴 수도 있다. 그리고 그 반대의 원인과 결과도 존재한다. 개인과 마찬가지로 국가도 기회가 왔을 때 잡아서, 국가가 개인 성공가도 달리듯 하는 거다. 위정자들의 판단과 추진력이 얼마나 중요한가에 대해선 역사가 잘 말해주고 있다. 다행히 70

년 전부터 우리는 우리 손으로 우리 지도자를 뽑게 되었다. 중간에 한 20년 독재자들에게 뺏겼지만 말이다.

역사는 평가할 것이다. 2020년대에 한국 국민들이 이런 선택을 했기에 지금 이렇게 되었노라고. 후손들은 말할 것이다. 그때 우리 선조들이 그랬기에 지금 우리의 삶이 이렇다고.

1543년 일본 '다네가시마'라는 섬에 중국 상선 하나가 표류하다 정박한다. 겨우 15세의 영주領主 다네가시마 토키타카는 이들의 배 수리를 도우라고 명한다. 그러자 배에 타고 있던 포르투갈인이 철포화승총 두 자루를 보여준다. 한눈에 보물임을 알아본 영주는 돈을 주고 구입한다. 압수할 수도 있는 상황이었으나 거금巨金을 지급했다. 그다음 단계는 거금을 주었기에 갈 수 있었다.

영주는 대장장이에게 시켜 이것을 역逆으로 분해해 국산화 제작 작업에 돌입한다. 우여곡절 끝에 기술을 완전히 습득하고 대량생산의 기반을 닦는다. 최초의 500정 대량주문자는 일본 최초의 전국 통일의 초석을 놓은 것으로 알려진 오다 노부나가였다. 그 500정이 최초 일본 통일의 결정적 발판이 되었음은 두말할 나위가 없다.

겨우 이 15세 영주의 판단력과 추진력이 16~17세기 동북아 정치지형을 바꿨다. 그로부터 50년도 지나지 않아, 조선은 초토화되고 명나라는 망하는 계기가 된 임진왜란이 일어난다.

반면, 그 철포가 일본에서 대량 생산되고 있던 50년 동안 조선의 왕들은 철포에 대한 보고를 받기도 했고 우리도 생산하자는 상소上疏까지도 받았으며 심지어 수십 정 선물을 받기까지 했으나 무시로 일관한다. 무기고에 잘 갖다 놓으라고 했단다. 임진왜란 3년 전에 있었던 일이다.

1871년 신미양요라 정의된 일대 사건이 조선 강화도에서 일어난다. 강화도에서 벌어지긴 했지만 조선이 국가 차원으로 대응한 전투였다. 미국은 이 사건을 'Korean Campaign 1871'이라고 한단다. 1871년에 벌어진 한국 계몽 활동쯤으로 해석됨이 맞을 것 같다. 우리는 그 정도였다. 계몽의 대상이었고, 사후 대응은 더 미개했다. 강화도에서 벌어진 조·미 정규군 충돌로 조선군 340명이 죽거나 자결했고, 20명이 포로로 잡혔단다. 글자 그대로 전멸했다. 그에 반해 미국군은 2명 전사. 10명 부상이었다.

미국의 요구는 단순했다. 몇 년 전 조선에서 불탄 제너럴 셔먼호의 보상을 해주고 통상조약을 체결하자는 것이었다. 조선이 반응이 없자 한 20일 더 머물다 미군은 머쓱해져서 그냥 빈손으로 돌아간다.

역사상 최악의 군주 중 하나인 고종과 그 세트 대원군이 저지른 희대의 오판誤判이, 그 후로 무려 100년 동안 우리나라를 세계에서 가장 불행하고 가난한 나라가 되게 했다고 믿는다.

시대정신의 핵심은 타이밍과 미래다. 그때 하지 않으면 미래가 암울해지는 주제이고, 제때 제대로 수행하면 후손과 역사 앞에 자랑스러울 수 있는 시대적 과제가 바로 시대정신이다.

나는 2021년 지금의 대한민국 시대정신은 '공정'과 'AI시대를 선도하기 위한 패러다임의 대전환' 이 두 가지로 본다.

1543년의 다네가시마 토키타카가 되어 미래 대한민국이 세계의 부러움을 사게 만들 것인가.

1871년 고종과 대원군이 되어 미래 대한민국 후손들을 고통의 나락으로 떨어뜨릴 것인가.

2022년 3월 9일 대통령 선거가 그 시작점이 될 것이다.

공정

若無公正是無未來

400여 년 전에 이순신 장군께선 호남이 없으면 나라가 없다若無湖南是無國家고 말씀하셨는데, 지금 계셨더라면 아마 이렇게 말씀하지 않으셨을까? 공정이 없으면 미래가 없다고.

1. 억울하면 출세해라

최근까지도 사회에 만연한 말이었다. 이제는 이런 말 하는 분위기가 아니라서 그런지 억울한 일이 별로 없어서인지 내가 노는 물이 달라져서인지 자주 듣지는 못한다. 옛날엔 이 말을 하는 사람이나 듣는 사람이나 이 말이 잘못된 말인 줄 몰랐다. 그냥 격언 정도쯤으로 받아들였던 것 같다.

'억울하면 출세해라'엔 여러 가지 의미가 담겨있다. 억울한 일 당하는 것은 사회제도나 정치를 바꿔서 해결할 계제라는 고민은 전혀 없다. 그

것이 가장 큰 의미고, 억울한 일은 나 개인의 문제라는 것 따라서 해결책은 내가 사회적으로 성공하는 것. 이렇게 단정 짓는 것이 이 '격언'에 들어 있는 의미다. 이는 마치 성폭행을 당한 여자에게 미니스커트를 입게 된 이유와 밤길에 혼자 걸어가게 된 이유를 계속 꼬치꼬치 묻는 판사처럼 보인다. 억울함을 인정하는 데 있어 원인을 억울함을 당한 사람에게서 찾고 있다. 원인이 그러하니 해결책도 개인이 알아서 하라는 것으로 귀결되는 것이다.

이런 불공정한 사회는 불만이 폭동으로 귀결될 가능성이 크다. 우리나라는 민주화운동이라는 형태로 분출되었다. 결국 민주화라는 것은 공정한 사회를 만들어서 합리적이고 정의로운 세상에서 살고 싶다는 욕구의 다른 말이다.

따라서 나는 공정 합리 정의가 계속 외쳐지는 사회는 민주화가 완성된 사회가 아니라고 본다. 이는 마치 독도가 우리 땅이라고 계속 우리가 외쳐야 한다면, 아직 독도는 완벽한 우리 땅이 아닌 것과 마찬가지다.

안타깝게도 그런 시각에서 본다면 우리나라는 아직 공정한 사회가 아니라고, 공정 개념이 완전히 뿌리내리지 못했다고 보기에 민주주의가 완성되지 못했다고 생각한다. 정의와 합리 차원에서도 마찬가지다.

억울하면 법에 호소해서 법치국가의 시스템에 의탁해야 한다. 그러려면 억울한 이가 법의 판단을 신뢰할 수 있어야 한다. 그게 공정한 사회의 보편적 풍토다. 유전무죄 무전유죄가 법체계를 뒤덮고 있다면 그 사회의 미래는 암울할 수밖에 없다.

억울하지 않기 위해 출세해야 하는 사회, 돈이 없으면 억울해도 유죄가 되는 사회, 돈이 많으면 천하의 파렴치한도 집행유예가 되는 사회, 이 사회에 무슨 신뢰가 있겠는가.

일본 순사의 발걸음 소리만 들어도 벌벌 떨던 시절이 있었다. 그 시절 벌벌 떨던 소년의 선택지는 세 가지쯤 되었을 것 같다. 첫째, 남들도 다들 그렇게 사니 쥐 죽은 듯 그냥 지내는 것. 다음으로, 나도 일본의 고등 경찰이 되어 내 발걸음 소리에 모두 숨죽이게 만드는 것. 마지막으로 이 불합리한 세상을 뒤집어 버리기 위해 만주로 독립운동하러 떠나는 것.

다행히 지금은 공정한 사회를 만들기 위한 노력을 하기 위해 목숨까지 걸 필요는 없다. 나처럼 겁 많은 사람으로선 가장 중요한 걸림돌이 사라진 셈이다. 그리고 직접 뛰어다니면서 열심히 하지 않아도 법과 제도를 만들고 강하게 실천할 대리인을 잘 뽑으면 된다. 그게 더 효과적이다. 이재명과 윤석열, 현실 가능성이 있는 인물 중에선 그 둘이 가장 도드라진다.

2. 각자도생_各自圖生

'제각기 살길을 도모함'이란 사전적 의미다. 원래 이 말이 생긴 유래는 조선시대 전쟁이나 대기근 때 나라가 백성을 보호해 주지 못하니 알아서 각자 살아남아야 한다, 그 수밖에 없다라는 데서 왔다고 한다. 2019년엔 직장인들이 뽑은 올해의 사자성어로 선정되기도 했다.

정말 무서운 말이다. 국가 존재의 이유를 묻게 하는 말이다. 국민들이 모두 각자도생을 느끼고 있다면, 그 강도가 강할수록 그건 제대로 된 나라가 아니다.

얼핏 보면, 각자도생과 공정은 별 관계가 없는 것 같다. 그러나 국민이 정부를 믿지 못하고 사회에 대해 불합리하다는 생각을 가지고 있다면 각자도생 말고 달리 무엇을 생각할 수 있을까? 정부 불신과 불합리한 사회라고 느끼게 하는 데 가장 큰 영향을 미치는 것이 불공정이다.

한편, 언제 각자도생이란 단어를 가장 많이 떠올릴까 생각해보면 수단 방법 가리지 않는 사람들이 승진이나 사회적 성공을 거머쥔다고 느꼈을 때 아닐까 싶다. 어차피 불공정한 세상인데 나 혼자 공정하고 정의로운 척 해봐야 나만 손해다. 그러니 각자도생해야 하는 거 아니겠는가. 이런 생각이 암암리에 청년세대들의 가치관으로 자리 잡아가고 있는 듯한 느낌이다. 불공정에다가 불확실한 미래까지 겹쳐서 더욱 그렇게 느껴질 걸로 미루어 짐작한다.

국민들에게 각자도생해야 한다는 가치관을 갖게 만든 정권이라면 실패한 정권임은 말할 것도 없고 역사 앞에 죄인임을 깨달아야 한다. 그것이 몇몇 사람이라든가 일부 계층이 아닌 전 국민적 분위기라면 대역죄인이겠다. 2022년 집권할 새 정부가 이 사실을 가슴 깊이 간직하고 국정을 운영하길 바란다.

3. 신연좌제_新連坐制

· 1894년 갑오개혁 칙령
"범인 이외에 연좌시키는 법은 일절 시행하지 말라."

· 1981년 3월 25일 연좌제 공식 폐기 헌법 13조 3항
"모든 국민은 자기의 행위가 아닌 친족의 행위로 인하여 불이익한 처
  우를 받지 아니한다."

물론 그 후 김영삼 시절까지도 연좌제는 실질적으로 행해졌다는 것이 정설이다. 그러나 적어도 헌법에까지 명시하고 법적으로 완전히 연좌

제를 폐기한 이는 전두환이었다.

비하인드 스토리가 있다. 쿠데타 주역 7인 중 한 명인 허화평이란 사람이 있었는데 그는 군 생활 내내 간첩으로 남파되었던 친형 때문에 쥐 죽은 듯 군대 생활을 해야 했다. 하나회 선배들이 적극적으로 보증을 서고 구명운동을 하지 않았더라면 군인은커녕 장사도 제대로 못 했을 거다. 그래서 정권을 잡자마자 허화평은 연좌제 폐지를 강력히 주장하게 되고 직접 추진한다. 역시 모든 일은 겪어보지 않고는 절실해지기 힘들다. 같은 맥락으로, 겪어본 사람만이 그 진정한 깊이를 알 수 있나 보다.

신연좌제라는 말이 떠돈다고 한다. 연좌제라는 단어의 정의가 친족의 행위로 인하여 불이익을 받는 것인데, 부모의 무능으로 인하여 자식이 받는 불이익이라고 정의 내려지는 단어가 신연좌제란다. 거기에 덧붙여 본다면 부모의 역량 발휘로 인하여 자식이 갖게 되는 부당한 이익도 신연좌제라고 할 만하다.

구연좌제舊連坐制는 억울해 미칠 일이었는데 신연좌제는 분노를 일으킨다.

"아들아, 미안하다. 아빠는 능력이 없어서 아파트 하나 제대로 못 사주는구나. 다른 부모들은 자식들 결혼할 때 척척 아파트 장만해준다는

데 전세도 못 얻어주는구나. 부모를 잘 못 만났다고 생각해도 할 말 없다."

"딸아, 미안하다. 엄마는 능력이 없어서 인턴 서류도 못 만들어주고 상장도 어디서 사다 주지 못했구나. 그런 것만 있었어도 너도 의대 척척 들어갈 수 있었을 텐데, 미안하다."

공무원 시험 준비하는 자식에게서 국가유공자 자식은 가산점을 받는다는 말을 들은 아버지가 있었다. 군에 있을 때 뺀질이 동기는 엄살 피워서 국가유공자가 되어 조기 제대했던 생각이 났다. 내가 국가유공자가 아닌 것이 아들에게 굉장히 미안해졌다. 그때 나도 조금만 뻔뻔해질 걸 이제 와서 후회가 막심이다. 부모 마음이 다 비슷하다. 그러니 자식에게 나는 못 해주는데 다른 부모들은 출발선을 다르게 만들어주고 있으니 자식들에게 너무 미안하다.

신부모연좌제(新父母連坐制)
부모의 '무능'이나 '유능'으로 인해 자식들의 출발선이 심하게 다른 것.

소위 빽이 없어서 떨어졌다고 생각하는 사람들이 많은 사회가 발전할 수 있을까? 부모가 도와주지 못하니 이 고생한다고 생각하면서, 내 자식에게는 이런 고생 안 시키겠다고 이를 악물어야 하는 사회가 통합·화

합될 수 있을까?

　불공정을 잡지 않으면 암 덩어리를 키우는 거다. 암 덩어리를 갖고 건강한 사람 흉내 내기는 한계가 있는 법. 어느 순간 쓰러지리라. 아직 쓰러지지 않았다면 기회는 남아 있으리라.

4. 근본을 해결해야 한다

- 자살률 : 세계 1위
- 출산율 : 세계 꼴찌
- 노인자살률 : 압도적 세계 1위
- 10대, 20대, 30대 사망원인 1위 : 자살
- 위증죄 기소 : 인구대비 일본의 165배
- 고소 고발 건수 : 1만 명 당 일본 1건, 한국 80건
- 사기 범죄 발생 건수 : 인구대비 일본의 17배
- 2020년 사기 범죄 : 약 35만 건

　통계만 놓고 보면 사람 살 곳이 못 된다. 살 곳이 못 되니 자살을 저렇게도 많이 하고 애도 안 낳는다. 어쩌다 이렇게 되었을까?

지금은 우리나라 최고의 축구선수가 된 손흥민이 청소년 시절 유럽에 갔다. 거의 연습생 수준으로 입단하게 되었는데 당시 그를 다룬 프로그램을 본 적이 있다. 나는 그의 기사를 찾아보지 않을 수 없었다. 그는 아버지의 혹독한 훈련을 소화하고 유럽으로 간 것이었다. 그의 아버지는 자신도 젊었을 적 축구선수였기에 어떻게 하면 축구를 잘할 수 있는지 나름 분명한 철학이 있었다. 그것은 바로 기본기였다. 손흥민은 엄한 아버지의 지도 아래 달리기와 드리블과 패스만 훈련했단다. 어린 마음에 슛을 쏴보고 싶은데 그랬다간 아버지의 불호령이 떨어졌단다. 말 그대로 달리기, 패스, 드리블 이런 것들만 몇 년을 했나 보다. 그것이 오늘날 손흥민을 있게 했던 것이다. 기본기가 그게 중요한 것이다. 그렇게까지 중요한지 몰라서도 못 하고, 알면서도 실천이 힘들어 못 하는 경우가 대부분인 기본기 다지기. 그것이 우리 국가와 사회에도 절실히 요구되고 있다.

　공정한 사회가 될수록 신뢰사회가 된다. 공정사회가 됐다 치자, 그렇다고 출산율이 올라가고 자살률이 떨어지나? 그렇게 물을 수도 있을 거다. 그런데 나의 생각은 "분명히 연관성 있다"로 귀결된다.

　이혼의 가장 큰 이유가 경제 문제다. 경제적으로 안정이 되어 있지 못하다 보니 부부간에 불화가 생기고 이혼으로 이어진다. 이혼은 두말할 나위 없이 큰 사회문제다. 개인만의 문제가 아니다. 사기 범죄로 인한 경제 파탄이 무시 못 할 수준이다. 보이스피싱, 기획부동산 등의 사기 범죄 피해자와 그 가족은 지난 20여 년간 이백만 명을 바라볼 정도다. 일반 사기 범죄를 합하면 천만 명을 넘본다. 가정과 사회가 온전하기 쉽지 않다. 온전치 못한 가정과 경제적 파탄은 악순환의 시작이다. 수단 방법을 가리지 않는 사회 분위기 조성에 단단히 한몫할 수밖에 없다. 수단 방법을 가리지 않는 분위기가 만연된 사회에선 사기를 당하는 사람이 바보가 된다. 그렇게 나라가 망해갈 것이다.

AI시대를 선도하기 위한 패러다임의 대전환

너무 많이 인용되어서 식상할 수는 있어도 그렇다고 의미가 퇴색되는 것은 아닌 사례가 있다.

1865년 영국에서는 그야말로 신문물 자동차의 등장으로 인해 큰 피해를 보게 된 마차업자들을 보호하기 위한 법이 만들어진다. 자동차의 최고속도는 교외에서 6km/h, 시내에서는 3km/h, 한 대의 자동차에는 운전수, 기관원, 기수 세 사람이 있어야 했다. 그중 기수는 낮엔 붉은 깃발, 밤엔 붉은 등을 가지고 자동차의 55m 앞에 마차를 타고 가면서 자동차를 선도해야 했다.

영국은 산업혁명의 발원지이고 자동차 최초의 상용 국가였다. 해가 지지 않는 나라의 위상은 산업혁명의 힘으로 이루어진 것이었다. 자동차마저 산업혁명 수준으로 앞서갔더라면 아마 지금쯤 영국은 세계사를 다시 썼을 것이다. 포드자동차를 알고 나면 더욱 그렇게 생각된다.

결과적으로 영국의 자동차산업은 한없이 뒤처졌고, 그 결정적 원인이 되었던 '붉은깃발법'은 무려 31년간이나 유지되다가 1896년에 가서야 폐지된다. 지금 보면 말도 안 되는 저런 법이 비단 영국의 '붉은깃발법'만 있었던 것이 아니었다. 발전과 혁신을 가로막는 법들은 인류 역사상 꽤나 많았다.

한편, 아이러니하게도 영국을 위대한 대영제국으로 만들어준 산업혁명을 가능케 했던 것도 바로 법이었다. 명예혁명은 1688년에 있었는데 그때 천명한 원칙이 있다. 바로 국가가 국민의 재산권을 비롯한 경제적 자유를 침해할 수 없도록 하는 법치주의의 국가 통치 개념을 확립했던 것이다. 이것이 산업혁명을 가능케 했다고 나는 믿는다.

우리 모두 알다시피 산업혁명은 단순히 기계화와 대량생산을 의미하는 것이 아니었다. 그것은 인류 역사상 최초의 인간 삶의 패러다임 전환을 의미했다.

우리는 흔히 산업혁명을 1차, 2차, 3차, 4차까지로 구분하곤 한다. 나는 그렇게 나누는 것에 동의하는데, 그 기준은 인류의 삶에 있어 객관적으로 패러다임이 크게 바뀌었는가 아닌가에 있다. 그런 의미에서 1차부터 4차 산업혁명까지 잠깐 살펴볼 필요가 있다.

- 1차 산업혁명 : 증기기관 및 내연기관 발명과 상용화를 통해 기계를 이용한 생산 증대 및 교통수단 변화
- 2차 산업혁명 : 전기를 동력으로 사용한 대량생산체제

- 3차 산업혁명 : 컴퓨터 상용화 자동화 생산체제
- 4차 산업혁명 : IT기술과 인터넷 발달 인공지능 소개 단계

1차 산업혁명은 영국에서 가장 먼저 일어났다. 그리고 가장 화려한 꽃을 피웠다. 노동자들의 열악한 근로 환경 등은 논외로 치자면 말이다. 그 덕분에 영국은 1859년 인도를 완전히 식민지로 만들 수 있었다.

2차 산업혁명의 주인공은 미국이었다. 전기의 발명. 테슬라와 에디슨은 미국에서 전기를 발명했고 상용화했다. 오늘날 세계 최강대국 미국은 이때 만들어지기 시작했다.

3차 산업혁명도 미국에서 시작됐다. 컴퓨터를 가장 먼저 만들었고 개인용 컴퓨터라는 획기적 생각을 해내고 실현했다. 미국이 강대국을 넘어 세계를 지배한다는 느낌마저 들게 했다.

4차 산업혁명 역시 미국이 주도했다. 그런데 여기서 작지만 의미 있는 현상들이 나타난다. 하드웨어가 아니라 창의적인 소프트웨어가 오히려 관건인 시대가 되었다. 개개인이 창의적이고 독창적인 아이디어만 있으면 순식간에 주목도 받고 세상을 바꿀 수도 있게 되었다.

역사에서 배워야 한다.
1~4차 산업혁명을 보면서 몇 가지 중요한 사실을 발견하게 된다.

첫째, 그 주기가 빨라지고 있다는 것이다.

1차와 2차 사이엔 거의 150년 가까운 시간이 있다. 그리고 2차와 3차 사이엔 약 60년, 3차와 4차 사이엔 30년이다.

둘째, 산업혁명을 주도한 국가가 시대와 세계의 주인공이 되었다.

셋째, 타이밍이 중요했다. 최초로 발명한 것은 그다지 중요치 않았다. 그것을 상용화, 산업화, 일상화시키는 것이 중요했다. 정부 주도로 법과 제도를 마련하고 활성화시킬 장場을 마련한다는 것이 아주 중요했다. 특히 3차 산업혁명부터는 누가 먼저 혜안慧眼을 갖고 추진력을 발휘하는가의 싸움이 되기 시작했다.

기업을 경영하는 사람들 사이에서는 '졸면 죽는다'라는 말이 진리처럼 되어 있다. 이조차도 모르는 사람들은 그냥 명맥을 유지하고 있거나 서서히 죽어가고 있다고 보면 맞다. '제자리걸음은 퇴보'라는 말도 같은 맥락이다.

어느 때인들 중요치 않았겠느냐마는 갈수록 세상 변하는 속도가 빨라지고 있는 이때, AI시대로의 국가적 패러다임 대전환은 국가의 운명을 좌우할 것이다. 불과 130년 전에도 영국에서는 자동차가 갈 때 55미터 앞에서 누군가 붉은 깃발을 흔들지 않으면 처벌을 받는 법이 있었고 사람들은 그 법을 지키고 있었다. 고작 130년 전 일이다. 패러다임 대전환을 국가적으로 추진하지 않는다는 것은 '졸고' 있는 것이다. 그리고 앞서 말했듯 기업처럼 국가도, 졸면 죽을 것이다.

1. 포드가 미국 대통령이었다면

1903년	포드자동차 설립
1913년	컨베이어 벨트 생산 방식 도입
1914년	노동자 일당 2달러에서 5달러로 인상
	하루 10시간에서 8시간으로 노동시간 단축
	주 40시간 노동 시작
	당시, 철강회사 노동자들 12시간 노동에 일당 1달러
1919년	투자자 주식 100% 양도받음
	1903년 투자한 사람 2,500배로 돌려받음
	고용정책 : 흑인을 전혀 차별하지 않았음
	당시로선 획기적인 것을 넘어서서 혁명이었음
	맹인, 두 팔이 없는 장애인 등을 고용하고 동일 임금 지급
	단, 여성 노동자의 임금만은 차별
1920년대	세계 자동차의 50%는 포드사 제품이라 할 수 있었음
	하루 수천 대씩 생산했음
	경영방침 : 미래에 대한 공포와 과거에 대한 존경을 버릴 것

경쟁을 위주로 일하지 말 것

이윤보다 봉사

싸게 만들어서 싸게 팔 것

다시 말하지만, 이 모든 것들이 1910년부터 1920년대 말 사이에 이루어짐.

어록 :

"사람들에게 원하는 것이 뭔지 물어봤다면 그들은 더 빠른 마차라고 답했을 것입니다."

"5%가 아닌 95%를 위한 물건을 만들어야 한다."

"하루 8시간 근무가 번영으로 가는 길을 열었듯이 주 5일 근무는 더 큰 번영으로 이끌 것입니다."

"노동자들이 하루 10시간 일하는 과거로 돌아간다면 이 나라 산업계는 지속될 수 없습니다. 사람들이 제품을 소비할 시간이 없어지니까요."

이 사람이 미국 대통령이 되었다면 어떻게 되었을까? 그것도 지금부터 100년 전에.

2. DJ

흔히 DJ의 업적을 말할 때 IMF 조기 극복과 햇볕정책을 통한 남북정상회담을 말한다. 그러나 나는 그런 것들을 낮게 본다기보다는 더 높게 치는 것이 두 가지가 있다. 왜냐하면, 나중에 후손들에게 어떤 영향을 미쳤는가에 따라 그 업적의 크고 작음이 평가되어야 한다고 생각하기 때문이다. 세종대왕의 업적 다른 업적 모든 걸 다 합해도 훈민정음 창제의 1%에도 미치지 못한다고 생각할 수도 있는 것과 같은 맥락이다. 세종대왕 재위 당시 훈민정음이 이처럼 어마어마한 평가와 또 세계적 인정을 받게 될 줄 어찌 알았겠는가.

그런 차원에서 DJ의 가장 큰 업적 두 가지는 다음과 같다고 생각한다.

첫째, 정보 통신 고속도로를 깔고 인터넷 환경을 국가 차원에서 조성함. IT, 인터넷 최강국 실현의 초석 다짐.
둘째, DJ-오부치 선언을 통해 한류의 세계화에 실질적 법적 토대를 마련함.

두 가지 업적의 공통점은 '패러다임의 대전환'이다.

우선, IT 인터넷 최강국 실현부터 보자. 이 분야는 역사상 최초로 우리가 일본을 앞지른 분야 되겠다. 지금도 우리나라 국민이 외국에 나가서 즉각 자부심을 체감하는 분야이기도 하다. 소위 우리 인식 속에 선진국이라고 생각되는 나라인데 인터넷 환경이 우리보다 형편없는 것을 느끼고 자긍심을 갖게 되는 식이다.

　한국의 소프트웨어 산업은 우리나라 국민들의 창의적인 특성과 맞물려 지금 우리나라 지식산업을 이끌고 있다. 애초에 국가적으로 이 방향이 맞는다고 믿고 기초공사를 탄탄히 한 덕분이라고 들었다. 당시 일했던 관련 공무원들에게 들어보니 자부심이 대단했다. 거의 나라를 자신들이 새로 건국했다는 기분으로 살고 있는 듯했다. 인정해주고 칭찬해준 기억이 있다.

　DJ의 산업에 대한 패러다임의 대전환이 없었다면 불가능한 일이었다. DJ는 70대 청년이었다. 굴뚝 전통산업에 대한 고정관념에서 쉽사리 벗어나지 못했던 세계 거의 대부분 나라 정상들과 달랐다. 그것이 우리나라가 가장 먼저 인터넷 분야에서 두각을 나타낼 수 있었던 결정적 이유 아니었을까?

　다음으로 DJ-오부치 선언을 기점으로 시작된 '한류'다. 1998년 DJ는 대통령에 취임한 해에 즉각 당시 일본 총리 오부치를 도쿄에서 만나 회담을 했고 지금까지도 한국외교사에 큰 발자취로 남아 있는 DJ-오부치 선언을 하게 된다.

당시 한국 내에선 문화계 중심으로 왜색문화 유입 결사반대 분위기가 컸다. 매국노 소리가 나오기도 했다. 당시 우리나라 문화계는 일본 문화 개방은 곧 일본 문화에 종속되는 시발점이 될 것이고 그것은 장차 일본에 우리나라가 복속되는 계기가 될 뿐이라고 주장했다.

과감하게 DJ가 밀어붙이지 않았다면 지금의 한류는 없었을 것이다. 감추려 하고 막았을 때보다 오히려 일본 문화의 유입은 더 적어졌다. 개방해 놓고 보니 별거 없었던 거다. 예상과 달리 우리나라 문화 수준이 더 높다는 것을 알게 되는 계기가 되었을 뿐이었다. 그러나 일본에선 정반대 현상이 벌어졌다. "이 정도였어?" 방송 연예 영화 드라마 중심으로 한국 문화가 호평을 받기 시작했다. 〈겨울연가〉를 시작으로 한류 K-POP이 붐을 일으켰고 일본에서 대성공을 거둔 후 동남아로 중국으로 급기야 전 세계로 뻗어 나갔다. 지금은 세계적으로 음악, 영화, 드라마, 춤 등 거의 모든 문화 영역에서 한국을 빼곤 트렌드를 논할 수 없게 되었다. 2020년엔 BTS가 빌보드를 석권했으며, 같은 해 영화 〈기생충〉은 아카데미에서 작품상, 감독상 등 여러 상을 휩쓸었다. 다시 말하지만, 그 시작이 1998년의 DJ의 과감한 결단이었다.

영화 〈마션〉에서 화성에서 감자를 키우는 데 성공하고 난 주인공이 말한다.

"어디에 있든 농작물을 재배하면 그곳을 점령한 것이다."

나는 이렇게 말하고 싶다.

"어떤 나라든 문화가 비슷하다면 더 이상 남의 나라가 아니다."

3. AI시대다

나중엔 지금 쓰고 있는 글이 원시적인 느낌으로 다가올 거란 걸 안다.

1904년 약 20개월에 걸쳐 한반도의 지배권을 두고 러일전쟁이 있었다. 우리 입장에선 굴욕적인 전쟁 중 하나다. 그런데 군사전문가들이 이 전쟁을 주목하는 이유는 따로 있었다.

안중근 의사가 순국한 감옥이 있는 뤼순이라는 지방에서 벌어진 러시아군과 일본군의 전투가 그 주인공이다. 러시아는 콘크리트 참호를 파고 철조망을 단단히 깔아놓고 일본군을 기다렸다. 일본군은 '돌격 앞으로'만 외쳤다. 참호 속에서 기관총으로 응전한 러시아군의 효과적인 방어 전술이 빛을 발했다. 일본군은 막대한 희생을 감수하고 그 '무식한 짓'을 한동안 계속했다. 그러다 대포 공격으로 전술을 바꾸고 나서야 전세를 뒤집을 수 있었다. 그리고 해상에서 러시아 함대가 대패한 것도 사기에 영향을 미쳤다고 한다.

　당시엔 이런 전쟁이 일어나면 저 먼발치에서 공연 관람하듯 참관하는 일이 많았다고 한다. 이 최초의 '참호전'도 유럽의 젊은 장교들이 저 멀리서 지켜봤다고 한다. 그때의 견학 때문이었을까? 10여 년 후 1차 세계대전이 발발하고 유럽의 전쟁터는 참호와 철조망으로 뒤덮이게 된다.

　2020년 나고르노-카라바흐 지역을 놓고 아르메니아와 아제르바이잔 사이에 국경 분쟁(아-아 전쟁)이 일어났다. 아르메니아와 아제르바이잔은 나라 이름마저 생소한 그야말로 변방 중 변방의 국가들이다. 군사력 또한 변변치 못했다. 하지만 이 국경 분쟁에선 전쟁의 새로운 모습이 펼쳐졌다.

　최초로 실제 전투에서 드론이 주역으로 떠오른 것이다. 아제르바이잔은 터키제 전투용 드론을 적극적으로 활용했고 아르메니아는 기존 전투 방식에서 그다지 벗어나지 못했다. 방공망과 미사일 탱크 등에 의존했다. 결과는 아제르바이잔의 대승이었다. 전투용 드론은 그동안 미국이 압도적으로 앞서 나가는 분야로만 알려져 있었는데 이젠 아제르바이잔 정도의 나라들도 실전에 적용할 만큼 보편화되기 시작한 것이다. 아르메니아는 조금 뒤처졌을 뿐이었다. 그런데 그 조금 뒤쳐진 것이 전쟁의 승패를 갈랐다. 아르메니아는 전투용 드론이 날아와 자폭하는 방식의 공격에 속수무책으로 당했다. 결국 전쟁은 아르메니아의 항복으로 3주 만에 끝났다. 명목상은 평화협정이었지만 항복 선언이나 마찬가지였다. 분쟁지역을 아제르바이잔이 차지했기 때문이다.

- 중앙일보 이철재 기자 기사에서 아이디어 얻음 -

지금부터의 전쟁은 어떻게 될까? 이번 아-아 전쟁에서 미래의 전쟁을 짐작해 보는 것은 그리 어렵지 않을 것 같다. 그리고 무엇이 승패를 갈랐는지에 대해서도 분명하게 말할 수 있다. 이 모든 것의 근간에는 패러다임의 대전환이 있는 것이다.

중국에서는 2020년 스마트농업 경진대회가 열렸다. 4개월간 4개의 인공지능팀과 베테랑 농부 3개 팀이 딸기 재배 경쟁을 벌였다. 결과는 인공지능팀의 압승이었다. 생산량은 평균 3배나 많았고 수익은 1.8배에 달했다. 무엇을 말하는지 구구절절 설명이 필요 없을 듯하다.

미국에선 2020년 최정예전투기 F-16 조종사들과 AI가 모의 공중전을 벌였다. 결과는 역시 예상대로 AI의 완승이었다. 인간의 0대 5패였다. 5전 전승의 AI가 이젠 당연하게 받아들여진다. 이세돌의 1대 4가, 0대 5가 아닌 마지막 스코어가 되는 거 아닌지 모르겠다.

영화에서 이런 장면 본 기억들 나실 것이다. 주인공과 악당이 물에 같이 빠졌다. 이때 악당과 주인공은 물에서도 빠져나와야 하고 서로와 싸움도 해야 한다. 그 두 가지를 동시에 하는 장면이 자주 보인다.

지금까지도 그래 왔지만, 앞으로는 그 정도가 훨씬 심해질 것이다. 우리는 AI라는 거대한 물결을 타야 할 것이고 그와 더불어 다른 나라와 경쟁해야 할 것이다. 그 선장이 누구여야 할 것인가. 그 기준으로 고민을 해본다. 전쟁의 승패를 가르는 가장 중요한 요소 중 하나가 지휘관이듯 누가 대통령이 되느냐에 우리나라와 후손들의 운명이 크게 좌우될 것이다. 후손들 입장에서 보면 선조들인 우리가 소위 개·돼지마냥 우매한 선택을 하지 않기를 간절히 바라고 있는 듯하여 어깨가 나름 무겁다.

IV. 안익준,
대통령 만들기

일체유심조_一切唯心造

1964년 미국 대선이 있었다. 미국 남부의 한 고등학교 정치 과목 수업시간에 선생님은, 학교에서 유명한 공화당 지지 학생과 민주당 열렬 지지 학생을 불러 대통령 선거 모의토론에서 서로 역할을 바꿔서 해볼 것을 제안한다. 둘 다 완강히 반대했으나 선생님은 서로의 입장을 바꿔서 생각해보는 것이 앞으로 큰 도움이 될 것이라고 강권하여 둘은 따르게 된다. 그래서 공화당을 지지하던 여학생은 민주당 대선 후보의 역할을 맡아 토론을 하게 되었다. 그런데, 재밌는 일이 벌어졌다. 그 공화당을 지지하던 여학생은 토론 준비로 공부를 열심히 하다 보니 진짜 민주당 지지로 돌아서게 되었던 것이다. 그리고 그녀는 52년 뒤 실제 미국 대통령 선거에서 민주당 후보에 오르게 된다. 힐러리 클린턴 스토리다.

'이재명 대통령 만들기', '윤석열 대통령 만들기' 모두 그 제목으로 각각의 책을 만든다 생각하고 해당 파트를 집필했다. 힐러리처럼 입장과 뇌를 바꾸는 것이 그다지 힘든 일이 아니었다. 윤석열도 이재명도 시대정신 구현이라는 기준으로 보았을 때 타당한 인물들이었기 때문이었다. 지나고 보면 임시정부까지 딱 100년의 역사를 가진 우리나라 정치엔 그때그때 시대정신이 있었다. 그걸 제대로 이해하고 구현했느냐 아니냐에 따라 해당 시기의 역사적 평가가 매겨진다고 볼 수 있다. 그렇다면 한 걸음 더 나아가 애초에 시대정신 구현에 최적화된 인물을 지도자로 선출하는 것이 가장 효과적일 터, 그 작업은 깨어 있는 국민이 주도해야 할 것이다.

오래된 영화 〈편지〉가 있다. 박신양, 최진실 주연이었다. 최진실이 암에 걸려 죽어가면서 박신양과 가슴 저미는 사랑을 하는 줄거리였다. 그 제작발표회 때 박신양이 이렇게 말한 것이 기억에 남는다. "지금부터 최진실씨를 무조건 진심으로 사랑하겠습니다." 박신양은 영화 개봉 후 이런 말도 했다. "영화 촬영 내내 최진실 씨를 사랑했습니다. 제 촬영분이 없어도 현장을 지켰습니다. 곁에 있어 주고 이야기 나누고 의논하고 함께 노력했어요. 덕분에 호흡이 참 잘 맞았어요. 각자 난데없이 새로운 걸 시도해도 당황하지 않았어요. 100% 파트너십을 유지할 수 있었습니다. 우리에게 행운이었어요."

자, 그럼 이제 힐러리처럼, 박신양처럼, 윤석열과 이재명을 무조건 진심으로 '만들어' 보겠다.

슬로건

얼마 전 중학교 3학년 아들에게 '묘기'를 보여줬다. 문제를 읽지 않고 5지 선다형의 객관식 보기만을 보고 답을 맞히는 마술 같은 묘기를 보여줬다. 아들은 신기해서 입을 다물지 못했다. 국어, 수학, 영어 등 대여섯 과목의 기말고사지와 수능 문제지를 갖다 놓고 과목별로 한 두 개씩 찍어서 풀어줬다. 내가 대입 학력고사를 상당히 여러 번 친 덕에 갖게 된 재주다.

역대 대통령 선거의 포스터와 슬로건들만 놓고 누가 대통령에 당선되었는가를 맞히는 것이 가능할까? 100%는 안 되겠지만, 적어도 의미 있는 결과는 만들 수는 있지 않을까?

DJ는 총 네 번의 대선에 나섰다.

1971년 : 10년 세도 썩은정치 못참겠다 갈아치자
1988년 : 평민은 평민당 대중은 김대중
1992년 : 이번에는 바꿉시다
1997년 : 경제를 살립시다 준비된 대통령

◇ 1987년 노태우, 김영삼, 김대중

• 노태우 : 위대한 보통사람의 시대 이제는 안정입니다.

• 김영삼 : 친근한 대통령 정직한 정부

• 김대중 : 평민은 평민당 대중은 김대중

◇ 1992년 김영삼, 김대중, 정주영

• 김영삼 : 신한국 창조

• 김대중 : 이번에는 바꿉시다

• 정주영 : 경제대통령 통일대통령

◇ 1997년 김대중, 이회창, 이인제

• 김대중 : 경제를 살립시다 준비된 대통령

• 이회창 : 깨끗한 정치 튼튼한 경제

• 이인제 : 젊은 한국 강한 나라

◇ 2002년 노무현과 이회창

• 노무현 : 새로운 대한민국 국민후보 노무현

• 이회창 : 나라다운 나라

◇ 2007년 이명박과 정동영

• 이명박 : 실천하는 경제대통령

• 정동영 : 가족이 행복한 나라

• 이회창 : 반듯한 대한민국

◆ 2012년 박근혜와 문재인

• 박근혜 : 준비된 여성대통령

• 문재인 : 사람이 먼저다

◆ 2017년 문재인, 안철수, 홍준표

• 문재인 : 나라를 나라답게, 든든한 대통령

• 홍준표 : 지키겠습니다 자유대한민국

• 안철수 : 국민이 이긴다

1992년을 빼곤 다 맞출 수 있을 것만 같은 느낌이 드는 것은 혹시 대선은 이미 치러졌고 당시 상황과 결과를 알고 있기 때문일까? 그것뿐일까? 아무리 백번 양보해도 그것만은 아닌 것 같다.

물론 슬로건 하나만으로 대선의 승패가 갈리진 않을 것이다. 그러나 우리나라 대선 중 반 이상이 박빙이었다는 사실을 상기해 봤을 때 그 기여도가 낮아 보이지 않는다. 특히 국가적 이슈가 있었을 때나 양자대결 시엔 더 두드러졌다.

당연한 얘기지만 캠페인은 시대와 상황을 반영해야 한다. 후보와도 잘 어울려야 한다. 다른 후보들과 차별화가 이루어져 직접 표로 연결되는 것이 궁극 목표다. 그 기준으로 보았을 때 여러 가지가 잘 버무려져 효과적이었던 역대 캠페인을 살펴보겠다.

(1) 1997년 DJ : "준비된 대통령! 든든해요 김대중! 경제를 살립시다"

이 캠페인이 가장 좋았다. 직접 표로 연결되었다. 여타 후보들과 품위 있는 차별화도 두드러졌다. 시대와 상황에도 맞았을 뿐 아니라 후보 본인과도 어울렸다. 이 캠페인의 최고 장점은, 후보의 약점을 오히려 장점으로 승화시켰다고 인정할 만한 문구가 있었기에 그랬다. 두말 할 것 없이 '준비된 대통령'이었다. 약점을 커버하기만 해도 의미가 있었을 텐데 그걸 오히려 강점으로 승화시키다니. 대단했다. 대한민국 대선 역사에 길이 남을 명문名文이다.

(2) 1987년 노태우 : "위대한 보통사람들의 시대 이제는 안정입니다"

이것도 만만치 않았다. 1987년 6월 항쟁으로 만들어진 대통령 직선제 선거였다. 당시 민주화의 열기를 직접 본 사람들이라면 노태우가 대통령에 당선되는 것은 굉장히 어려운 일로 생각했을 것이다. 아무리 관권선거와 부정선거가 있었다고는 하지만, 노태우는 당시 한국 사회의 고질적 병폐인 지역주의와 낮은 수준의 시민 정서를 파고드는 데 성공했다. 고무신 얻어 신고 막걸리 한 잔 받아먹고 표를 주던 60년대와, 전 국민이 스마트폰을 갖고 SNS를 하는 지금의 중간쯤인 수준의 국민이었다. 거기에 더해 분명한 것은, '보통사람'과 '안정'이란 프레임이 제대로 먹혔다는 것이었다.

(3) 2002년 노무현 : "새로운 대한민국 국민후보 노무현"

노무현은 그 당시 그때까진 보지 못했던 새로운 정치인으로 인식되기에 충분했다. 새롭다는 단어는 실제로 노무현과도 잘 어울렸고 DJ정권과의 단절도 엿볼 수 있었다. 그리고 그의 대표 공약인 행정수도 이전 및 지방분권과도 맥이 닿아 있었다. 정몽준과의 단일화를 암시하기도 하고, 지역감정 해소와 국민통합의 이미지를 풍기기도 하는 국민후보라는 문구도 적절했다.

(4) 2007년 이명박

사실 이명박 케이스가 두 번째나 세 번째로 가도 좋은데 그 당시 이 슬로건이 아니더라도 워낙 지지율 차이가 크게 났다. "실천하는 경제대통령" 이 구호와 나머지 둘의 슬로건은 실전에서의 득표수 차이만큼이나 큰 차이를 보인다.

(5) 2012년 박근혜, 문재인 케이스

준비된 대통령이란 말이 식상하게 들릴 것이라는 선입견이 있을 수 있다. 그러나 "준비된 여성 대통령'은 그다지 나쁘지 않았다. 더 중요한 것은 양자대결 당사자인 문재인의 구호였다. "사람이 먼저다" 철학이 있어 보이는 것까진 인정하겠는데 그것이 표로 연결되었는가에 대해서는 부정적이다. 대중적이지 못하고 지나치게 추상적이라는 평가를 내릴 수밖에 없다. 여성이면서 준비되어 있다는 프레임이 훨씬 더 좋아보인다.

(6) 2017년 문재인 : "나라를 나라답게 든든한 대통령"

나머지 후보들의 슬로건들과 함께 당시 상황을 떠올려보자. 어떤 것이 대통령의 슬로건인가. 외모에서도 문 후보가 다른 후보들보다 풍채가 좀 더 든든해 보인 것도 사실이었다. 점잖고 품위 있어 보이는 잘생긴 얼굴도 '나라답게'라는 문구와 어울렸다.

1992년의 슬로건은 그다지 큰 의미가 없어 보인다. 차라리 정주영 후보 것이 제일 나았는데, 슬로건이 선거에 미친 영향이 미미했다고 보는 것이 맞다. 지역주의와 반反DJ정서 부추기기가 전체 선거판을 짓눌렀다.

슬로건이란 상품의 콘셉트과 비슷하다. 후보의 철학과 비전이 담겨있을 수도 있고 후보의 특성이 드러날 수도 있다. 전반적으로 트렌드라고 표현될 수 있는, 시대를 반영하는 것이 좋을 것이다. 상품의 본질이 우수하면 마케팅 담당자 운신의 폭이 넓듯, 후보의 자질이 탄탄하면 선거의 콘셉트 등도 쉽게 잡힐 것이다. 상품도 후보도 함량이 떨어질 때 억지가 나오기 쉽다.

그런 의미에서 윤석열, 이재명 두 후보는 자질 등에 비추어 보았을 때 마케팅 기획자의 시각으로 도전해 볼 만한 아이템이다. 그럼 즐거운 마음으로 시작하겠다.

윤석열 대통령 만들기

지금 윤석열에게 필요한 것은 자신감과 용기라고 본다. 이미 본인이 두 가지를 충분히 가졌다면 더이상 할 얘긴 없지만, 만약 아니라면 대권 승리 쟁취로 가는 길의 첫걸음은 두려움을 용기로 바꾸는 일일 터이다.

일단 내가 지금까지 우리나라 그리고 미국 유럽의 정상들을 연구해 본 바로는, 국가 원수는 본인이 원한다고 할 수 있는 것도 아니고 피한 다고 피해지는 것도 아니었다. 이는 마치 무속인들의 신내림을 연상시 킬 정도였다.

가톨릭계에선 현재 600년 만에 전임 교황이 생존해 있는 상황을 겪 고 있다. 현 교황은 전임 교황이 서거하지 않은 상태에서 교황직을 물 려받았다. 현 교황은 전임 교황에게서 질문을 받는다. 사제의 길을 가 라는 하늘의 계시를 받은 적 있느냐, 그분의 목소리를 들었느냐는 것이 다. 내가 본 영화에서 교황 성하는 청혼을 하러 가는 길에 성당에 우연 또는 필연적으로 들렀는데 거기서 느낌을 받았노라고 말한다. 가톨릭 계에선 불경스러운 말일 수도 있겠지만, 인간과 신의 중간쯤 계시는 교 황 성하라면 훨씬 드라마틱한 뭔가가 있을 줄 알았는데 조금 싱거웠다.

그러나 교황 성하가 솔직히 말씀하시는 것 또한 존경할 만하다고 진심으로 생각한다.

교황 성하가 그럴진대, 한국 대통령 정도는 하늘의 점지나 계시 같은 것은 없는 것이 자연스럽다. 일식이 일어나는 순간 태어났다는 둥 태몽으로 용이 이무기를 어쩌고 그런 것은 없다. 필요도 없고 의미도 없다. 다만 본인이 시대적으로 벌어지는 여러 가지 사건이나 현상들에 엮이고 또 때론 주도하면서 뭔가 눈에 보이지 않는 힘을 느낄 수는 있다. 자신을 보호하거나 큰길로 인도하는 듯한 힘 말이다. 솔직히 그 정도 기운은 느낄 만해야 한다고 본다. 5,100만의 지도자이지 않는가.

만약에 윤석열이 지난 몇 년간의 일련의 사건들을 필연 수준으로 받아들인다면 자신감을 가지고 도전해볼 만하다.

윤 총장은 어떻게 생각하실지 모르겠지만 박근혜 시절 탄압 받은 것부터 시작해서 벌어진 영화 같은 스토리들을, 우연이 아니라 '큰일'을 하기 위한 준비과정으로 보는 시각도 시중에 상당하다는 것을 알아주셨으면 한다.

한편, 윤석열은 대통령다워 보인다.
나는 익히 이 책 앞머리에서 대통령다워 보이는 것이 얼마나 승리에 중요한 요소인가에 대해 역설했다. 내가 보기에 지금 그 기준 중 적어도 외모 측면에서는 가장 근접해 있는 사람이 윤석열이다. 말투와 자세에 있어서도 그만하면 됐다. 무엇보다 말과 행동에서 기개氣槪가 느껴진다. 어려운 시기에 백성들이 믿고 따를 '환상'이 형성될 수도 있을 것 같다.

대통령은 되는 것이 어려워서 그렇지 되고 나서는 오히려 쉽다. 지식이 아니라 자질이 더 중요하기 때문이다. 그런 의미에서 윤석열에 대한 평가 중 상당히 의미 있는 대목이 있다. 그것은 같이 일해본 사람들이 소통이 잘 된다고 입을 모은다는 점이다. 2021년 2월 현재 대한변호사협회 회장과 서울 변호사협회 회장은 입을 모아 윤 총장의 소통에 대해 높이 평가했다. 그냥 잘 된다고 한 게 아니라 두 사람 모두 "정말 잘 된다", "굉장히 잘 된다"라고 표현했다. 이런 평가를 받는 지도자는 지금까지 거의 찾기 힘들었다. 불통 면에서 자신이 그렇게 비판했던 박근혜보다 문재인이 더하다는 평가가 힘을 얻는 지경이니 말이다.

국정을 운영해 본 경험? 문재인과 박근혜, 이명박은 거의 국가를 운영해 본 경험이 있는 사람들이란 공통점이 있다. 그래서 어땠는가?

사업을 하는 사람들 중엔 해당 분야의 기술과 지식을 가진 이들도 있지만 애초에 전혀 문외한이었던 이들도 많다. 어떻게 하다 보니 잘 몰랐던 분야에서 오너가 되어 있는 사람들이다. 그런데 의외로 그들 중에서 크게 성공하는 이들이 나온다. 자신의 부족함을 인정하고 기본에 더욱 충실했던 것이 크게 작용한 덕분이다. 알량한 지식으로 무장하고 그게 전부인 양 오만한 경영을 하는 사람과는 비교가 안 된다.

윤석열은 용기를 내시라! 널리 인재를 등용하는 것이 관건이다. 인재는 많다. 역대 대통령들의 가장 큰 문제가 국민보다 대통령과 '우리 편'에게 잘 보이려는 아첨꾼들을 가까이한 것 아니겠는가. 그 차원에서 윤석열만큼 적임자가 또 있을까? 그러니 용기를 내시라!

1. 가능성

◇ 양자대결

2022년 대선은 2002년과 2012년에 이어 세 번째 양자대결 가능성이 매우 크다. 따라서 지금 시행되는 백화점식 인물 인기도 조사는 의미가 많이 떨어진다.

양자대결이 되면 기본 35%는 갖고 들어간다. 윤석열이 어떤 모습을 보여주느냐에 달렸지만, 윤석열이 양자대결의 한 축이 된다면, 40% 이상 확보하고 시작한다고 봐야 할 것이다. 윤 후보에 대해 거부감을 갖고 있는 사람들은 이미 민주당이나 이재명을 지지하고 있다. 중도층에서 윤 후보의 비토 세력이 그다지 크지 않다는 사실은 큰 장점이다. 소위 집토끼는 이번 선거에서 특히 더 뭉칠 가능성이 크다. 5년 전에 얼떨결에 당했다는 생각을 하는 사람들이 아주 많아지고 있다. 이번 선거를 벼르고 있다는 느낌이 경상도 쪽에서 강하다. 중도 표심을 흔들 전략이 마련된다면 가능성 충분하다.

◇ 충청대망론의 주인공

충청을 잡는 자 대권을 쟁취했다. 지금까지 7번의 선거 중 1987년 노태우, 단 한 번을 제외하곤 모두 적용된 법칙이다. 충청인들에겐 이제 슬슬 한恨의 정서가 쌓이고 있다. 이번엔 진짜 우리가 밀면 될 거라는 양자대결의 팽팽한 분위기만 형성된다면 충청인들은 강한 지지를 보낼 것으로 본다.

◇ 호남이 흔들린다

호남이 흔들릴 것이다. 2002년 노무현이나 2012년 문재인에게 보냈던 절대적 지지와는 딴판이 될 것이다. 호남인들의 한풀이성 투표는 이제 거의 마무리되어 간다. 다만 민주주의냐 몰상식이냐가 기준이 될 수는 있다. 말도 안 되는 억지를 부리고 그걸 용인하고 묵인하는 듯한 정당을 호남인들은 응징을 하려 들 것이다. 그런데 지금 국민의힘 분위기를 보면 다시 몰상식의 시대로 회귀하진 않을 것 같다.

호남의 정서는 수도권의 호남인들에게도 아바타처럼 작용할 공산이 크다.

◆ 수도권이 결정적이다

서울 수도권에서 2012년 대선의 경우 박근혜와 문재인은 5만 여 표밖에 차이가 나지 않은 박빙이었다. 문재인이 겨우 0.4%P 앞섰다. 결정적 패인이었다. 그런데 이번엔 수도권에서 야권 단일후보의 우세가 점쳐진다. 이 정도로 민주당 계열 정당에 대해 수도권에서 거부감을 가진 전례가 별로 없었던 것 같다.

부동산을 이 지경으로 만들어 놓고 민주당 후보가 수도권에서 승리하려면 그걸 덮을만한 엄청난 이슈가 선거 즈음에 터져줘야 한다. 천재지변 수준의 사건만 일어나지 않는다면 윤 후보의 승리가 예상된다.

◆ 대구 · 경북

2012년 박근혜만은 못 하겠지만 그래도 보수의 텃밭이다. 이재명의 고향이 경북이란 점이 초유의 상황인 것은 맞지만 국회의원 거의 전원이 국민의힘 출신이다. 지자체장 거의 전원이 국민의힘 소속이다. 시의원 도의원 군의원 과반수가 국민의힘 소속이다. 윤 총장이 박근혜를 구속시킨 것은 맞지만 상황 논리가 작동한다. 문재인에 대한 반감이 훨씬 크다. 게다가 대구는 윤석열의 검사 첫 부임지이기도 하다. 이뿐만 아니라, 검찰총장으로서 마지막 공식 행보도 대구 방문이었다. 말하자면 윤석열 공직 생활의 처음과 끝이 대구였다. 그리고 윤석열이 좌천 받아 2년간 '유배' 생활을 한 곳이기도 하다. 태어나고, 힘들었던 시기, 마칠 때 모두 대구였다. 본인이 고향 같은 곳이라고 말한 이유가 이 정도면 타당하다. 대구와 경북이 안아줄 준비가 된 듯하다.

◇ 부산 · 울산 · 경남

이회창과 박근혜에게 이 지역에서 얼마나 지지를 보냈었는지 살펴보시라. 민주당은 180석을 휩쓴 21대 총선에서 부울경에선 득표율은 약간 늘었지만 의석 수는 오히려 줄었다. 부울경에서 민주당은 40석 중 겨우 6석을 얻는 데 그쳤다. 이 글을 쓰는 오늘 박형준이 부산시장 보궐선거에서 국민의힘 후보가 됐다. 그가 무난히 당선될 것으로 예상하는 바, 문재인의 가덕도 '맹폭'에도 부산에서 이미 민심은 민주당을 떠나고 있다.

◇ 경쟁자의 한계

예전에 우리나라 사람들의 정치 성향을 DJ를 기준으로 나누는 것이
공감을 얻은 적이 있었다. DJ를 아주 좋아하는 사람, 아주 싫어하는 사
람, 비판적 지지를 하는 사람, 괜히 싫어하는 사람. 문재인도 이 기준으
로 국민이 나누어지고 있는데, 이재명도 그 대열에 합류하게 될 것으로
예상한다. 이재명을 아주 좋아하는 사람, 아주 싫어하는 사람, 추진력
은 인정한다는 사람, 왠지 싫다는 사람. 이렇게 나뉘지 않을까? 그렇게
보았을 때 이재명은 DJ 수준으로 내공과 운이 좋아야 한다. 그래야 가
능성이 있다. 따라서 2022년엔 힘들다. 민주당 내 다른 주자들의 뒷심
이 부족하기에 경선 통과는 가능할지 모르겠으나 본선에선 힘들다.

2. 당위_當爲

◇ 공정

앞서 주장했듯이 나는 2022년 대한민국의 시대정신은 '공정'이라고
생각한다.

사람은 완벽하지 못한 존재라서 겪어보지 않고는 해당 주제를 제대로
이해하지 못하거나 어떤 문제를 해결하는 데 있어 그 적극성이 떨어지

게 마련이다.

2022년 대한민국에서 근 10년 동안 두 개의 정권으로부터 가장 큰 탄압을 받은 이가 누구인가. 박해와 탄압의 상징이 누구인가. 가장 큰 피해자가 누구인가. 두 정권이 그를 대하는 방식은 불공정 그 자체였다. 그렇게 봤을 때 공정이라는 시대정신을 이 땅에 가장 확실히 뿌리 내리게 할 사람은 누구인가. 게다가 그 사람의 27년 직업이 불의不義와 싸운 '참검사'다.

많은 국민은 윤석열의 화려한 부활을 보고 싶어 한다. 카타르시스를 느낄 것이다. 윤석열의 부활 자체가 정의의 실현이다.

◇ 민주당의 지난 5년은 배신의 연속이었다

2021년 현재 민주당을 지지하는 사람들을 살펴보면 세뇌된 사람들, 그리고 뭔가 이익을 공유하는 사람들, 국민의힘 쪽이 무조건 싫은 사람들, 그냥 관성으로 지지하는 사람들, 이런 식으로 구성돼 있다. 문재인과 전통적으로 민주당을 지지했던 많은 이들이 문재인의 무능과 '내로남불'로 배신감을 느끼고 있다. 검찰개혁이라는 미명 아래 저질러진 가증스러운 악행이 너무 많다. 이를 다시 민주당에 정권을 넘겨줌으로써 용인한다면 향후 재앙이 미래세대에 계속 이어질 것이다. 3당 합당으로 김영삼이 수단 방법을 가리지 않고 정권을 잡았는데 그의 임기 말 국민들이 어떤 고통을 받았는가. 문재인의 민주당을 제어하지 않으면 재앙은 천벌이 되어 한반도를 덮칠 것이다.

민주당의 셀프 정화는 불가능하다. 굽은 것을 바로 펴야 한다. 역사 앞에 진실을 밝혀야 한다. 이재명을 비롯한 민주당은 절대 못 한다. 역사 앞에 진실을 밝히기 위해서 윤석열이 대통령이 되어야 한다.

3. 전략

◇ A-YO 콜라보

안철수, 윤석열, 유승민, 오세훈 콜라보다.

• 안철수

안철수라는 인물에 대해 처음으로 언급하겠다. 일단 안철수만 한 프로필은 전 세계에서도 정치인 중에선 없다. 아니 전 분야를 통틀어도 이런 인물은 없다. 안철수는 굳이 따지자면 성공한 벤처사업가이자 교수였고 의사 출신인 정치인이다. 서울대 의대를 졸업했고 세계 최고 명문 와튼스쿨에서 MBA를 취득했다. 그리고 결정적인 사실 두 가지. 첫째, 1,500억 원을 기부했다. 이 역시 세계적 수준이다. 그리고 비리 연루 등 정치적 약점이 전혀 없다. 그의 단점은 대통령처럼 보이지 않는다는 점. 조직을 이끄는 데 미숙하다는 점 정도다. 콘텐츠는 괜찮은데 소통과 포장이 빈약한 대표적인 인물이다.

그러나 시대정신의 한 축인 'AI시대를 선도하기 위한 패러다임의 대전환'을 책임질 적임자다.

• 유승민

배신자의 이미지가 TK에서 강했으나 많이 사그라들었다. 나머지 지역에선 경제분야의 전문가와 더불어 합리적인 정치인의 이미지가 있다. 유승민은 그 자체가 가진 힘은 미약해졌으나 1997년 DJT 연합의 박태준과 같은 역할을 할 수 있는 사람이다.

• 오세훈

안철수와 오세훈은 서울시를 공동경영한다는 공약을 내세우고 있다. 둘 중 누가 시장이 되더라도 세트로 연결될 것이다.

이념적으로 합리, 중도, 보수의 상징적 이미지를 어느 정도 확보하고 있는 정치인이다.

과학기술과 AI 정보통신을 바탕으로 한 미래 한국 먹거리 분야를 안철수에게 총괄시키겠다고 공언하시라.

경제 분야의 50년 대계를 유승민과 함께 연구하시라.

오세훈과 합리적 중도 보수 이념의 기치를 내세우고 나아가시라.

연대와 연합이란 단어는 민주당에서는 쓰기 어려운 단어가 되었다. 적어도 2022년엔 민주당과 연대다운 연대를 할 스케일 있는 정당은 없다. 인물도 마찬가지다. 윤석열은 제삼의 지대에서 국민의힘, 국민의당, 무소속 등과 연대하시라. 진정한 연합과 연대가 당신을 청와대로 이끌 것이다.

◇ 의원내각제

의원내각제를 2024년 총선 공약으로 내세우겠다고 공언하라. 제왕적 대통령제를 폐지하고 의회가 책임정치를 하는 내각책임제를 실시하겠다고 하시라.

우리는 제왕적 대통령제의 폐해를 지난 수십 년간 목도했다. 의원내각제가 아니더라도 대통령의 권한을 분산할 필요는 있어 보인다. 검찰에 대한 복수를 개혁이라는 이름으로 시행하고 있다는 말들이 설득력 있어 보인다. 대통령의 강한 권한은 양날의 칼이다. 능력 있는 성군이 쥐면 보검寶劍이 되지만 그 반대의 경우엔 망나니의 칼이 된다. 우리는 무능한 대통령이 나라를 어떻게 망치는지 그동안 수차례 보아왔다. 민주주의가 성숙했고 국민도 수준이 꽤나 올라갔다. 의원내각제를 2024

년 총선 공약으로 내세우든지 아니면 적어도 권력을 분산시키는 획기적인 방안을 모색하시라.

의원내각제 또는 비슷한 말인 내각책임제를 대표 공약으로 내세우는 이유는 선거 차원에서 굉장히 중요한 전략이기 때문이다. 의원내각제라는 단어 자체가 충청권의 언어가 되다시피 해서다. 충청인들의 정치 단어는 세 가지다. 충청대망론, 핫바지론, 의원내각제. 그런데 그게 모두 서로 연결된 느낌이 있다. 소외의식 피해의식이다. 우리도 메인이 되어 보고 싶다는 것이다.

프랑스식과 영국식이 있을 수 있다. 적절한 우리식 의원내각제를 고민하시라.

◇ 프레임

그래 봐야 이재명은 민주당
민주당은 부동산

역대 확률 100%
민주당 집권 = 아파트 폭등

설마 일부러 그랬겠어요?

그런데 민주당 집권 때마다 서민만 죽어남

2017년 강남에서

무주택자 : 저기요. 아파트를 왜 또 사요?

투기꾼 : 민주당이 정권 잡았잖아!

민주당이란 단어는 부동산 폭등과 같은 뜻이라는 프레임 구축.

공정이 경제다.

공정이 정의다.

억울한 사람도 억울한 지역도 없는 나라.

'억울한 지역' 프레임 구축, 상당히 효과적일 것이다.

더 이상 국민을 괴롭히지 마라

문재인 = 이재명

'괴롭히다'라는 단어가 갖는 힘이 있다. 문재인 정부가 국민을 괴롭힌 것으로 정의 내린다. 부동산으로 화나고 힘들게 했다. 어찌 됐든 코로나로도 고통을 받았다. 경제가 망가지고 세금은 갈수록 늘어나고 있다. 이 모든 것을 정부가 국민을 괴롭히는 것으로 프레임 설정이 가능하다. 물론 윤석열의 억울하게 박해받고 굴욕을 참아온 이미지와 잘 어울리

기에 더 효과적일 것이다. 그리고 이재명의 이미지를 역이용하는 효과
도 발생할 것이다.

이재명 대통령 만들기

"호남의 정치적 의사결정이 수도권에 영향을 미친다."

"민주개혁 진영에선 광주 또는 호남이 엄청난 정치적인 결정권을 가진게 역사적인 사실이고 지금도 그것이 현실이다."

이재명은 2021년 1월 29일 광주에서 기자들에게 이렇게 말했다. 다행히 이재명은 솔직하면서도 똑똑하다.

이재명이 쓴 책을 읽다가 5·18과 관련된 이재명의 개인적 이야기가 있는 것을 인상 깊게 읽었다. 그리고 그의 2017년 전남대 강연을 유튜브로 보게 되었다. 전남대에서 이재명은 이렇게 말했다.

"나는 일베 출신이다. 잘못된 정보를 가지고 자기 인생을 망치는 사람이 일베다. 청소년기 공장 생활 시절 80년 당시 광주 폭동, 광주사태를 폭도들이 경찰서 무기고 털다가 경찰에 총 맞아 죽었다. 그렇게 들었다. 잘 죽었다고 적개심을 가졌다. 사람은 주어진 정보를 가지고 판단을 하니까. 진실을 알게 되었다. 속았다는 것을 알았다. 수치스럽고 한스러웠다. 그리고 억울했다. 내가 몇 년 동안 가해자들에게 놀아나서 억울한 피해자들에게 가해자들과 똑같이 가해하고 있었다. 사람이 똑똑한 거 같지만 입력된 정보에 의해 전혀 다른 사람이 되고 있다"

광주민주화운동이 일어난 지 몇 해 되지 않아 진실을 알게 된 이재명은 오히려 그 진실 때문에 인생을 바꾸게 된다.

홍영표 국회의원이 생각난다.

18, 19, 20, 21대 국회의원을 지낸 더불어민주당 중진 여당 의원이다. 이 사람은 국회의원 재직 시절 조부의 친일 행적을 시인했다. 조부가 친일파였다는 것을 인정하고 사죄했다. 자신도 모르는 조부의 친일 행적을 스스로 드러내고 사죄하기는 쉽지 않다. 그런 사례 자체가 거의 없다는 사실만으로도 인정받을 일이다.

홍영표는 2013년 11월 생존 애국지사 모임인 한국독립유공자협회로부터 감사패를 받는다. '독립유공자예우에 관한 법률'을 발의한 데 대한 공을 인정받은 것이다. 그 후 2년이 지난 광복절을 며칠 앞둔 날에 홍영표는 홈페이지에 이렇게 적는다.

"사법적 연좌제는 없어졌지만 기회가 닿을 때마다 사과하는 것이 친일 후손의 운명이다."
"친일파의 후손인 제가 민족 앞에 사죄하는 길은 민족정기 사업에 더욱 매진하는 길밖에는 없다고 생각했다. 독립유공자 예우에 관한 법률 개정안을 내고 독립유공자 어른들과 후손들도 자주 뵙는다."

홍영표의 아버지도 서울대 법대에 다니다 아버지의 친일 행적에 충격 받아 낙향해서 평생을 교편만 잡고 살게 된다. 홍영표는 2009년에 보궐선거로 국회의원이 되었는데, 2010년 초선이면서도 '독립유공자 예우에 관한 법률 개정안'을 발의했었다.

2016년 총선 당시 상대 후보가 홍영표 조부의 친일 행적을 문제 삼은 일이 있었다. 그러자 광복회 간부들과 회원들이 지지 선언과 함께 선거 유세 지원을 나선 전무후무한 일이 벌어지게 된다. 홍영표가 당선되는 데 상당 부분 일조했을 것이다.

1. 이재명은 광주를 대함에 있어

이재명은 광주를 대함에 있어 홍영표를 사표師表로 삼으라.

이재명의 5·18도 그 스스로 말하지 않았으면 아무도 모를 일이었다. 홍영표의 아버지도 그냥 사법고시 보고 출세를 향해 가면 그만일 일이었다. 이재명과 홍영표 부친은 스스로 부끄러웠던 거다. 그리고 그 일들로 인해 인생의 항로를 변경했다.

이재명은 사법고시에 합격한 후, 연수원 시보 시절 검사가 적성에 맞는다는 것을 알았다. 하고 싶었다. 성적도 충분했다. 그러나 친구들과의 약속대로 인권변호사의 길에 뛰어든다. '광주'가 계속 그의 가슴과 머리를 이끌었던 것이다.

홍영표의 결론은 민족정기사업에 더욱 매진하는 것이라고 했다. 홍영표가 한국독립유공자협회로부터 감사패를 받으면서 찍은 기념사진이 인터넷상에 있다. 그 사진을 보면 홍영표는 웃지 않고 굳은 표정으로 카메라를 보고 있다. 정치인이 의미 있는 단체에서 주는 감사패를 받으면서 웃지 않는다는 것은 극히 이례적인 일일터. 그 이유인 즉슨 상을 받을 자격이 있는 것인지, 주니까 받기는 받는다만 마냥 좋은 일인지 얼굴에 드러난 셈이다. 이걸로 원죄가 씻어지진 않을 거란 걸 잘 알고 있기에 더더욱 그랬을 것이다. 홍영표는 실제로 자신과 집안, 그리고 독립유공자들, 나아가 국가와 민족정기를 위해 계속 노력하고 있다고 느껴진다.

이재명도 홍영표처럼 하자. 이미 진정성을 갖고 행동하고 있지만 더 가열차게 하시라. 광주의 진실과 그 피해자들 그리고 광주와 호남 시민 전체의 명예를 위해 힘써 주시라. 돈은 표현의 수단일 뿐이다. 명예를 회복시켜 주는 정도가 아니라 명예를 드높여 주시라.

김영삼은 취임 첫해인 1993년, 5·13 특별담화를 통해 "문민정부는 5·18 광주민주화운동의 연장선상에 있는 정부"라고 선언했다. 김영삼은 우리나라 역대 모든 대통령 중에 6개월 이상 지지율이 80%를 넘은 유일한 대통령이었는데, 그 시기는 저 특별담화를 한 날부터 6개월 정도라고 보면 정확하다. 사실 재임 중 지지율 70%를 제대로 한 번이라도 찍은 대통령도 없었다. 심지어 순간적으로라도 60%도 드물었다.

그런데, 그 모든 기록은 문재인이 경신更新해버린다. 문재인은 5·18 9일 전인 2017년 5월 9일에 대통령에 취임했다. 그랬기에 광주민주화운동 기념식에 참석하는 것이 거의 첫 중요 일정이었다. 거기에서 문재인은 호남인에게 감동을 주는 연설과 퍼포먼스를 했다. 전국에서 눈물을 흘린 이들이 수도 없었을 것이다. 심지어 그때까지 문재인과 정치적으로 완전히 등을 돌렸다고 평가되었던 박지원은 "호남인의 한恨을 씻어 줬다. 솔직히 눈물을 흘렸다."라고 고백했을 정도였다. 문재인은 그로부터 84%의 지지율을 찍고 1년 넘게 70%대 지지율을 유지했다. 그리고 하강하다가 코로나 방역 성공 평가에 힘입어 집권 4년 차에 다시 70%를 회복하기도 하는 등 고공행진을 이어간다. 소위 검찰개혁과 관련된 여러 가지 무리수와 부동산 정책 실패 등 부정적 평가에도 불구하고 문재인의 지지율이 40%를 기준으로 견고한 이유가 무엇이겠는가. 호남이다. 호남 정서가 문재인에 대해 진정성을 인정했기에 수많은 실정失政에도 버텨주고 있는 것이다.

광주에서, 호남에서 인정받으라.

그때가 되면

호남은 이재명을 부를 것이다.

그리고 절벽 아래로 밀어버릴 것이다.

그때까지 이재명은 스스로 날 수 있는지 몰랐다.

호남은 이재명에게 날개를 펴서

더 큰 세상을 향해 날아가게 해줄 것이다.

노무현을 날게 해 줬던 2002년 3월 16일처럼.

2. 이재명 효과

2200년 전 중국 전국시대에 한비韓非라는 사상가가 있었다. 그는 법치주의를 강력히 주장하였다.

"법이란 모름지기 두 가지 역할을 한다. 첫째는 잘 지키는 자들에게 상을 주어 이익을 얻게 해주는 것이고, 둘째는 어기는 자들을 벌주어 두려움을 갖게 하는 것이다"

그런데 그 둘 중 두려움을 갖게 해주는 것이 훨씬 효과적이라고 보았다. 다시 말해서, 사람의 행동을 유발하는 동인動因으로 '두려움'을 가장 크게 본 것이다.

주식시장에서 어떤 회사의 주식 가격에 가장 크게 영향을 미치는 요인은 '불확실성'이다. 주식 가격은 왜 떨어지는지 모를 때 가장 낙폭이 크며, 반대로 왜 올라가는지 확실치 않을 때 무작정 올라간다.

부동산 투기도 엄연한 투자다. 따지고 보면 그렇다는 얘기다. 미래가 불확실한 영역에서 합법적으로 돈을 넣는 것, 그것을 우리는 투자라고 부른다. 그런데 우리는 유독 부동산에만 투기라는 단어를 덧붙인다. 불로소득不勞所得이란 편견이 녹아 있어서 그럴 것이다. 그리고 어린이들 먹는 것에 나쁜 물질을 넣으면 더 인간말종 취급을 받는 것처럼 집을 가지고 투기의 대상으로 삼는 것을 불경不敬 시 하는 측면도 크다.

부동산 투기를 명분상 해서는 안 되는 것으로 받아들이게 만들려고 하는 것은 순진한 생각이다. 그런 이상적인 발상으로 부동산 투기를 잡으려 해서는 아주 곤란하다. 그렇다고 대놓고 하라고 할 수도 없는 일이다. 그렇다면 어떤 식으로 접근해야 할 것인가.

미래가 불확실하다는 데 초점이 맞춰져야 한다고 생각한다. 돈을 벌 것이라고 생각하니 투자든 투기든 하는 것이다. 세상에 100% 확실한 투자는 없다. 국가도 망할 수 있는 판국에 100%가 어딨겠는가. 그러다 보니 불확실성을 줄여 보기 위해 온갖 방법을 다 동원한다. 그런데 투자의 세계에 깊이 들어가 보면 과학적일 것 같은 의사결정도 사실은 분위기나 감 그리고 사적 감정에 의해 훨씬 크게 좌우된다는 것을 금세 알 수 있다. 특히 부동산 투자는 분위기에 아주 민감하게 반응한다. 주식시장엔 그래도 매출이라든가 순이익이라든가 부채비율이라든가 하는 객관적 지표가 있어서 적정 주가라는 것이라도 있는 데 반해, 부동산에선 오로지 공시지가와 비슷한 사례가 기준이 될 뿐이다. 그러니 개인의 사정과 주관적 판단이 가격 형성에 크게 영향을 미친다.

남들이 보기엔 쉬워 보여도 투자의 세계는 살얼음판이다. 하다못해 주식 몇백만 원어치밖에 없는데도 업무시간에 30분 단위로 체크하는 사람들 부지기수다. 그게 현실적인 투자 심리다.

왜 이렇게 장황하게 여러 가지 말들을 했는지 본격적으로 말하겠다. 소위 투기꾼들이 가장 무서워하는 게 무엇일까? 그것은 떨어진다는 확신이다. 극단적으로 한 달 뒤에 전쟁이 난다고 확신하는 사람이 부동산이든 주식이든 갖고 있을 이유가 있겠는가?

입으로는 모두 부동산을 안정시키고 문재인 정부 시작 당시로 돌려놓겠다고들 한다. 서울시장 여당 후보 박영선은 서울에 평당 분양가 1천만 원 아파트를 내놓겠다고 한다. 문재인 정부의 모든 부동산 정책에 붙은 별명이 있다. '백약이 무효'가 그 주인공이다. 어떤 말을 해도 어떤 정책을 내놔도 시장市場은 믿지 않았다. 아니, 안 믿는 정도가 아니라 정 반대로 해석하고 행동했다. 심지어 거의 모든 새로운 정책을 발표할 때마다 그걸 모멘텀 삼아서 아파트값은 뛰었다.

결론적으로, 부동산 문제 해결의 핵심 키는 심리, 분위기, 그리고 신뢰라는 것이다.

영화에서 이런 장면 한 번쯤 보셨으리라. 아무 말도 하지 않았지만 등장만으로 좌중을 압도하는 포스. 조용하라, 주목하라는 외침도 없었고 그냥 한 번 천천히 둘러보았을 뿐인데 경외의 눈빛과 긴장한 표정이 실내를 가득 메운다.

나는 이재명이 부동산 문제를 해결할 적임자라고 믿는다. 그 이유는 매우 단순하다. 투기꾼들에게 가장 확실한 사인sign이 될 사람이기 때문이다. 아 이 사람은 정말 한다면 한다. 이 사람이 투기꾼들 패가망신시키겠다고 하면 진짜 그렇게 할 것 같다. 이렇게 대부분의 '투기꾼'들이 생각한다면 어떻게 되겠는가.

나는 확신한다. 이재명이 대통령 자리에 한 발 한 발 접근하고 있다는 조사가 계속 나올 때마다 투기심리가 급속히 위축될 것이다. 그리고 대통령에 당선된 순간 고가 아파트부터 문재인 정부에서 폭등한 모든 아파트의 매물은 쌓일 것이고 거래 절벽이 시작될 것이다.

이건 어떠한가.

부동산 투기꾼 반드시 패가망신시키겠습니다.

이재명은 합니다.

이재명은 부동산 투기꾼들을 그냥 망하게 하지 않겠습니다.
반드시 패가망신시켜버리겠습니다.
이재명은 합니다.

이건 마치 영화에서 악당에게 이렇게 말하는 것 같다.
"넌 어차피 죽는다. 내 딸이 어딨는지 말하면 고통 없이 죽여줄 것이
다. 그리고 네 처자식은 살려주겠다. 그러나 끝까지 상황 판단을 못 하
면 니가 소중하다고 생각하는 것들부터 없애주마. 넌 그것들이 다 사라
지는 것을 보고 죽게 될거야 그것도 몹시 고통스럽게."

부동산 투기꾼에게 물어보십시오.
누가 가장 무서운가.
이재명은 합니다.

이재명이 살리겠습니다.

이재명은 살렸습니다.
성남시를 살렸습니다.
부패 경영으로 부도 위기에 처한 도시를 살렸습니다.

독립운동가 후손들을 살렸습니다.

그분들에 대한 성남시 예우는 전국 최고 수준.
성남시와 이재명이 한국독립유공자협회에서 감사패를 받았습니다.

경기도를 살렸습니다.

닥터 헬기를 도입하고 적극 지원했습니다.
낙도 오지 산간마을에서도 응급환자를 실어 나릅니다.
수많은 생명을 살리고 있습니다.

지역 화폐로 지역 경제를 살리고 있습니다.
재난보조금으로 지역 주민들을 살리고 있습니다.

성남시의료원 수술실엔 CCTV가 있습니다.
환자들의 안심과 의료진의 자존심을 살렸습니다.

이재명!
이제 대한민국을 살리겠습니다.

3. 경선에 올인

오늘만 살 것처럼 행동한다는 말이 있다. 그렇게 하라. 경선에 올인하

라. 경선만 하고 말 것처럼 그냥 완전히 올인하라. 본선 생각은 아예 하지도 말자. 그런 자세로 하자.

기조 : 민주당원들에게 최적화하라.

◇ 호남 공략

1995년에 지방선거가 있었다. 그 당시 민주당에서 '지역등권론'이란 구호를 내세웠다. 민주당 부산시장 후보로 고군분투 중이었던 노무현은 지역등권론이 당시 여당 민자당의 먹잇감으로 전락하면서 그 유탄에 맞아 장렬히 전사했다. 수십 년을 푸대접받아 왔던 호남을 균형발전시키고 지역 차별을 없애겠다는 DJ의 의지는 시작부터 꺾였었다. 그리고 대통령에 취임한 뒤에도 호남에 실질적으로 큰 도움을 준 것도 아니었다. 전보단 훨씬 나아졌지만 역차별도 많았다.

실제로 실질적인 호남 발전은 노무현과 문재인 시절에 더 많이 이루어졌다. 심지어는 5·18을 민주화운동으로 분명하게 못 박고 정부의 뿌리와 기반으로 삼고 있다고 분명히 천명闡明한 이도 경상도 사람인 김영삼이다. 무슨 말인고 하니 DJ는 본의 아니게 호남을 역차별했던 것이다. 그 내막을 알면 안타까운 일이지만 결과적으로는 그리 되었다.

5·18, 호남의 한恨, 지역 차별 해소

이재명은 호남과 영남을 골고루 차별 없이 지원하겠습니다.
문재인 대통령처럼.

이재명은 5·18과 호남에 마음의 빚이 있습니다.
빚은 갚아야 도리입니다.
더 강한 햇볕정책.

아예 '뙤약볕 정책'을 쓰겠습니다.
뜨거워서 도저히 외투를 벗지 않고는 못 배길 정도로
강한 햇볕정책을 추진하겠습니다.
DJ가 하늘에서 흐뭇한 미소 짓게 만들겠습니다.

이 정책공약은 본선에서 당연히 논란거리가 될 것이다. 바라는 바다.
선거일에 맞춰서 판문점에서 총을 쏴달라고 북한에 애원한 집단의 후
예 입에서 나올 소리니 괘념치 말자.

◇ 이슈 만들기

• 중립외교

미국, 중국, 일본, 러시아 및 세계 모든 나라에 말씀드린다.

I am your friend. But I am I.

우리 대한민국은 미국과 군사동맹을 맺었다. 우방이다. 그 사실엔 변함이 없다. 그러나 대한민국은 대한민국이다. 중국은 가장 큰 교역국이다. 그러나 코리아는 코리아다.

• 사면_赦免 불가론

대선이 있던 1997년, 전두환, 노태우의 사면이 이슈로 떠올랐다. 경상도에서 어떻게든 표를 건져보려는 DJ는 그들의 사면에 동의하지 않을 수 없었다. 최대 피해자로서 용서한다는 명분이었다. 그러나 그들의 죄과를 보았을 때 DJ가 혼자 용서하고 말고 할 일은 아니었다. 다만, 이해할 수밖에 없는 상황이었기에 크게 문제 삼는 이들은 없었다.

2022년 대선 똑같은 상황이 벌어졌다. 나이 70~80 먹은 노인들에게 징역 20년, 17년씩이 확정됐다. 거의 종신형이다. 그런데 우리나라 국민 중에서 이 전직 대통령 두 사람이 형기를 모두 마치고 출소할 거라 생각하는 사람은 아마 거의 없으리라. 나도 그렇게 생각하지 않는다. 1997년 학습효과인가?

틀림없이 많은 이들이 대구 경북의 표를 의식해서 대통령 후보들 모두가 사면에 찬성할 것으로 생각할 것이다. 특히 양자대결에서는 더더욱.

자, 이 상황에서 아예 "이재명은 사면을 반대한다"라고 강력히 주장하라. 한발 더 나아가 임기 중 사면도 현재로선 고려하고 있지 않다고 해라. 민주당 지지층에 확실하게 어필하라. 이낙연, 정세균은 따라올 수 없다. 그들은 이런 민감한 문제에 어설프고 어정쩡한 스탠스를 취할 수밖에 없는 캐릭터들이다. 어떤 것이 민주당스러운 입장인지 분명하게 생각해보라. 그리고 이재명다운 것이 무엇인지도.

"이재명은 민주당 당원 동지 여러분과 민주 시민들의 뜻을 받들어 전직 두 대통령의 사면을 반대하는 바입니다. 대통령 된 후에도 국민의 의견을 물어 결정할 것입니다. 특히 이제 갓 수감된 사람의 사면을 논한다는 것은 형평성의 원칙에도 맞지 않는다고 생각합니다. 죗값을 전혀 치르지 않은 사람을 전직 대통령이라고 바로 사면하는 것은 형사법 체계상으로도 문제가 큽니다. 그리고 두 사람이 세트로 다닐 필요는 없다고 생각합니다."

• 행정구역 개편

"경상도, 전라도, 충청도, 경기도라는 단어가 사라집니다."

경주와 상주가 합쳐져서 경상도, 전주와 나주가 합쳐져서 전라도다. 충주와 청주, 강릉과 원주가 합쳐졌다. 그런데 전라도라는 이름이 생긴 것은 지금부터 천 년 전이라고 한다. 경상도, 충청도 등은 약 7백 년의 역사를 가졌다. 이제 그만 바꿀 때가 되었다. 한 지명을 천 년 썼으면 됐다. 현대 사회에 맞지도 않을 뿐만 아니라. 논리적으로도 타당하지 않다. 전주와 나주는 전혀 관계없는 지역이고 호남 전체를 대표하지도 않는다. 경주와 상주는 더더욱 그렇다. 충주와 청주도 마찬가지다. 지금은 해당 지역이 이런 이름으로 불리는 것이 전통을 살리고 민족정기를 느끼게 해주는 것이 아니라, 오히려 편 가르기의 기준으로 전락했다고 보는 시각이 우세하다.

이재명하고 잘 어울리는 공약이다. 그리고 경선에서 호남에 구애를 해야 하는 입장에서 봤을 때 더욱 괜찮아 보인다. 행정구역 개편이 처음 나온 아이디어는 아니다. 정부의 구체적인 안案까지 나온 적도 있었다. 그런데 그런 실무적인 차원이 아니라 정치적이고 상징적인 선언이 필요하다. 수도首都 이전도 처음으로 구상한 이는 박정희였고 상당히 구체적으로 진도까지 나갔던 아이템이었다는 사실을 상기하면 될 것이다.

"저 이재명은 기초단체장과 광역단체장을 모두 해보니 행정구역을 전면 개편할 필요를 느꼈습니다. 제 임기 내에 통일과 미래를 기준으로 행정구역을 바꾸겠습니다. 이제 적어도 경상도, 전라도, 충청도 이런 지명은 역사 속으로 사라지게 될 것입니다."

• 전 국민 천만 원 대출

이건 이미 이재명이 아이디어를 내서 시중 은행에 문의만 해본 것으로 아는데, 오직 이재명만 할 수 있는 정책이고 공약이다. 포퓰리즘 소리 들을 거 어차피 각오하셨지 않는가. 내가 보기엔 대표 공약이 될 소지가 다분하다.

신용등급제 폐지 또는 전면全面개편을 전면前面에 내세우시라. 그리고 전 국민 천만 원 대출을 시행하시라. 모든 공약 빨아들이는 블랙홀이 될 수도 있다.

이것은 경선 과정에서부터 큰 관심을 끌어모을 것이 확실시되고 이재명의 대표 공약 수준을 넘어서서 아예 정치적 상징처럼 되어 버릴 것이다. 이런 생각을 해낸 이재명은 천재다. 그리고 이 공약은 선거 승리만을 위한 얄팍한 아이디어가 아니라 그의 애민정신 철학이 담긴 것이라고 확신한다. 나는 그의 진정성을 믿는다.

다음에 이어지는 스태그플레이션 코너에서도 언급하겠지만 2022년부터 우리나라는 물론이고 세계 경제가 상당한 침체기에 들어설 가능성이 크다. 그에 대응하기 위해서라도 '천만 원 대출'은 거기서 끝날 일이 아니고 더 진화進化해야 할 정책이다.

4. 스태그플레이션에 대비하라

이 글을 쓰는 2021년 2월 미국 증시가 대호황이다. 우리나라 증시도 덩달아 고공행진이다. 이대로 가다간 천장을 뚫고 올라갈 기세다. 그러나 달도 차면 기우는 법. 조만간 폭락할 것이다. 그 정도가 꽤나 충격적일 것으로 예상한다. 이유야 여러 가지가 있겠지만 역사가 말해주고 있다. 지금의 각종 지표를 역사에서 찾아보면 폭락할 타이밍이다. 더 말해 무엇 하랴.

자, 그런데 이번엔 조금 다른 것이 있다. 돈이 이미 너무 많이 풀렸다. 그것도 일부 국가나 특정 대륙의 상황이 아니다. 전 세계가 코로나 등으로 힘들다 보니 경기 부양 차원에서, 또 복지 차원에서 돈을 많이 풀었다. 그런데 무한정 돈을 찍었다간 베네수엘라 꼴이 나니 그건 못 했다. 하여간 이래저래 불경기를 막지는 못 했다. 이럴 때 나타나는 현상이 있다. 스태그플레이션이다. 불경기 속의 물가상승이라고 쉽게 표현되는 그 경제 상황 말이다.

나는 스태그플레이션이 이르면 2022년부터 전 세계를 덮칠거라고 예상한다. 우리나라는 사실상 2021년부터 시작하고 있다고 봐도 무방할 것이다.

스태그플레이션 상황 아래서는 주식시장만 폭락하는 것이 아닐 것이다. 현물 자산도 동반 하락할 것이다. 장기 경기 침체로 갈 가능성이 농후하다. 부동산 폭락이 먼저 오고 주식시장이 뒤따르게 된다. IMF 외환위기 때가 떠오르지 않을 수 없을 것이다.

한 마디로 이미 가까운 바닷속에서 강진強震이 발생했으므로 쓰나미가 예상되는바, 국가 차원에서 대비해야 한다는 뜻이다. 사실 대비할 수 있다면 얼마나 좋겠냐마는 대단히 힘든 일일 터, 대비보다는 대응에 무게가 실릴 수밖에 없으리라 본다.

그런데 대통령 후보는 다르다. 이걸 예상하고 선거를 준비해야 한다. 미리 생각하고 선거 전략에 적용시켜야 한다.

사실 스태그플레이션의 가장 큰 원인 중의 하나가 무분별한 돈 풀기다. 이건 이재명이 뒤집어쓸 수 있는 이슈다. 그래서 더욱 준비가 필요하다는 것이다. 준비를 넘어서 약점을 강점으로 바꾸는 신공을 발휘해야 한다.

이것은 결코 쉽지 않은 내용이거니와 해결책이 있다손 치더라도 여기에 적는 것은 적절치 못한 것 같아 이만 줄인다. 이렇게 어설프게 정리할 거라면 애초에 다루지 말까 생각도 했지만, 이번 대선에서 경제 문제가 얼마나 중요하겠는가 생각하니 언급이라도 해야겠다는 의무감이 들었다. 특히나 경기불황이 깊어질 것이 예상되고 특별한 현상인 스태그플레이션까지 추측되는 바 언급하지 않을 수가 없었다.

위기엔 이재명
이재명이 살립니다.

위기를 이재명과 연결시킬 수 있다. '코로나'를 거치면서 이재명의 이
미지는 위기관리와 대응에 적합한 지도자로 어느 정도 자리 잡았다. 경
제 위기가 왔을 때 어차피 위기는 위기이므로 그걸 오히려 장점으로 승
화시켜보자. 프레임이다.

V. 제안

정책공약 제안

1. 금융연좌제와 이자율 평준화

성경 마르코복음 4장 25절에 "가진 자는 더 받고 가진 것이 없는 자는 가진 것마저 빼앗길 것이다."라고 했다. 그것이 진리인가? 정녕 그런가? 격언 정도로는 인정하겠는데 진리라고는 인정 못 하겠다. 한번 거슬러봐야 하는 거 아닐까?

지금 세상이 마르코복음 '말씀'대로 돌아가고 있다. 더 심화되고 있다. 문제는 갈수록 이런 불합리, 불공정을 당연하게 받아들여서 별로 문제의식을 못 느껴 가고 있다는 것이다. 문제의식을 못 느끼고 당연한 것으로 받아들일수록 어떻게 되겠는가. 완전히 고착화될 뿐만 아니라 모든 영역에서 이런 현상이 굳어질 것이다. 불공정사회로 안착이다.

2010년 이명박 대통령은 대기업이 운영하는 제2금융권 지점을 방문한 적이 있었다. 방문자들과 가볍게 대화하다가 마침내 그들이 서민들에게 대출해주는 이자율을 알아버렸다. 아무리 이명박이 친 대기업주의자라 하더라도 40%의 이자율을 듣고는 놀라지 않을 수 없었을 거다. 이명박 입에서 급기야 이런 말이 나왔다.

"아니 대기업도 이렇게 높은 이자율로 빌려주면 다른 곳들은 얼마에 빌려주는 거지? 서민들은 어떻게 감당하나?"

"대기업 캐피탈이 사채 이자를 받다니…."

이명박이 방문한 곳은 포스코미소금융 화곡지점이었다.

11년이 지난 지금은 최고이율이 24%로 낮아졌으니 아마 20% 정도 받다가 여차하면 바로 23.98%의 고정이자율을 적용할 것이다. 23.99%면 좀 비싸 보이니까 0.01% 싸게 해주는 센스까지 무장했다.

2021년 7월부턴 20%로 낮아진다. 문재인 정부 들어서 7.9% 낮아지는 셈이다. 문재인 정부가 집권한 지 4년 2개월 만에 생색은 냈다. 그런데 문제는 서민들은 연리 20%도 감당하기 쉽지 않다는 데 있다.

부도 맞아가면서 중소기업을 목숨 걸고 해본 사람이 정부엔 과연 있을까? 국회엔 있을까? 역대 대통령 중에 직접 사업을 해본 사람은 이명박하고 김대중밖에 없다. 나머지는 소위 자기 손으로 돈 한 번 벌어본 적 없는 사람들뿐이었다. 국회의원이나 변호사 사무실 운영하는 것 이상의 기업이나 장사 수준을 말하는 거다. 그러니 서민의 절박함을 모른다.

위정자들이 알아도 직접 체험해도 별 소용이 없다. 철학을 가지고 적극적으로 개입해야 한다. 대기업들이 서민 미소금융이라고 시장 속에 열어서 시장 상인들에게 연리 40%씩 받던 해가 2010년이다. 2021년 현재도 거의 최고금리 받고 있다. 나라 전체가 '일수놀이' 판이다. '샤일록' 왕국이다.

신용등급이 안 좋다는 둥 조달 금리가 높다는 둥 핑계를 댄다. 그렇지만 별의별 소리 다 해도 결국 안전한 돈놀이하고 있는 거다. 은행들 2020년 순이익이 수십조가 나고 있다. 억대 연봉을 직원들에게 다 챙겨주고도 사상 최대 수익 기록을 쓰고 있다. 은행도 사업인데 많이 버는 게 뭐가 나쁘냐고 물을 수 있다. 그런데 병원은 사업이 아닌가? 그들도 돈 벌려고 일한다. 그럼 무한경쟁, 무제한 수익 다 보장해야 맞는 거 아닌가? 병원을 비영리업으로 묶어 놓는 이유가 무엇인가. 공공성 때문이다. 적정한 이윤을 주되 과하게 넘치지 못하게 해 놓는 것이다.

◇ 이자율의 평준화가 필요하다

최근에 믿어지지 않는 사실을 목격했다. 국내 굴지의 모 은행은 대출 신청자의 주소가 강남권에 있으면 금리가 0.5% 싸진단다. 은행직원의 말을 듣고 실제 내 후배는 서초구에 있는 고시원으로 주소를 옮겼다. 한 달 치 20만 원만 내고 주소 옮겨서 등본 떼어다 제출하고 한 달 후 다시 돌아왔단다. 1년에 200만 원 정도를 절약할 수 있으니 안 할 이유가 없었단다. 한 마디로 강남에 산다는 이유만으로 0.5%를 깎아 주는 제도를 국내 굴지의 은행에서 운용하고 있었다.

신용이 좋은 사람에게만 돈을 빌려주고 싶은 은행의 마음을 어찌 이해 못하겠는가. 그렇지만 그렇게 해서 얻는 은행의 이익보다 사회와 국가 전체적으로 입게 되는 눈에 보이지 않는 손실이 훨씬 크다고 주장하는 바다. 무슨 말인고 하니, 앞서 말했듯 연 이자율 20%를 감당하기가 쉽지 않다. 건실하게 사업 잘하고 있는 사람도 그 정도면 버겁다. 그런데 신용이 좋지 않게 된 사람이나 기업이 이를 극복할 수 있을까?

비공식 통계이긴 하지만 신용정보회사 채권추심팀에서 얻은 정보에 따르면 완전히 망가진 사람들 중에서 자력으로 회생하는 비율은 3~4%에 불과하단다. 한 번 어려워지기 시작하면 계속 수렁으로 빨려 들어갈 수밖에 없는 구조를 우리 사회가 만들어 놓고 있는 것이다. 어찌 보면 '덫' 같기도 하다. 국가와 사회는 신용불량으로 전락한 이들에게 법과 제도에 정해진 복지와 지원을 해줘야 한다. 물론 세금과 성금으로 이루어진다. 사회적 비용 차원에서 봤을 때는 말할 것도 없고 개인의 자존감 등 건강한 사회 차원에서도 이자율 평준화가 이루어져야 한다.

◇ 금융연좌제

동종 직업을 가진 사람들의 연체율이라든가 신용도를 기준으로 신규 은행 고객들에게 적용되는 금리가 천양지차天壤之差로 다르다. 쉽게 말해서 변호사나 의사로서 사회에 진출하면 아주 낮은 대출금리를 적용받는다. 그런데 막 졸업한 취업준비생은 금리가 높다. 출발선이 다르다. 경제활동 한 적이 없는 같은 새내기들인데도 말이다. 아직 빌리지도 않았고 그러기에 연체도 없는 것은 같은데 이런 식으로 세상이 짜져 있다. 이것이 '금융연좌제'다.

신용등급을 폐지하는 것을 신중하게 검토해야 한다. "폐지해야 한다"라고 강하게 주장하고 싶지만, 솔직하게 말하면 그랬을 때의 부작용이 혹시 상당할 수도 있지 않을까 하는 자기검열을 했다. 결정적인 문제가 있다면 모를까 지금 신용등급제에 대한 부작용이 심각하기에 폐지를 적극 검토해야 한다는 것이다.

직장이 없고 그렇다 보니 수입도 없거나, 있더라도 알바이기에 불규칙하다고 해서 신용이 없는 건가? 담보가 있으면 왜 신용대출을 받으려고 하겠는가. 이렇게 변변해 보이지 않는 부류의 사람들을 싸잡아 묶어서 신용을 낮게 잡아, 높은 이자율을 먹이는 것. 아니 아예 한 푼도 빌려주려 하지 않는 것. 이것이 금융연좌제다.

불공정 중에 일반인들이 가장 크게 피부에 느끼고 있는 것이 바로 금융 불공정이다. 이것을 해결해야 한다. 공정을 시대정신으로 삼자고 제안하는 사람으로서 가장 강력하게 제안한다. 이자율 평준화하고 금융연좌제인 신용등급제도를 폐지하라.

PS. 이자율과 더불어서 각종 수수료율도 평준화하라. 수십 개의 홈쇼핑 채널, 각종 대기업 유통 플랫폼, 오프라인 대형 마트들, 백화점 등 거의 모든 유통업체들이 자신들에게 납품하는 중소기업과 대기업, 소상공인들에게 수수료율을 달리하고 있다. 설마 대기업 수수료가 더 높게 책정되어 있다고 생각하시는 외계인은 안 계시리라 믿는다.

서민들에겐 송금 및 ATM 수수료가 더 와 닿을 수 있다. 서민들은 500~1,000원씩 꼬박꼬박 내야 하는데 통장에 돈 많이 있는 사람들은 평생 수수료 무료라니.

2. 보이스피싱 등 파렴치범 신상 공개

2016년부터 2020년 6월까지 경찰청 통계로 보이스피싱 피해자는 17만 8천여 명이고 피해액은 18조 원가량 된단다. 이 정도 규모면 하나의 큰 산업 분야라고 해도 손색이 없는 수준이다. 합리적으로 추정해 보자. 2020년 말까지 5년 통계로 보면 20만 명 이상이 피해자일 것이고 기간을 10년 이상 잡고, 신고하지 않아서 통계에 잡히지 않은 사람들까지 합하면 우리나라에서 보이스피싱 피해자는 40만 명 정도라고 충분히 예상 가능하다. 그 사람들의 가족들도 직접 피해자에 속하므로 우리나라에서 보이스피싱으로 인한 직접 피해자 수는 백만 명을 훨씬 상회한다고 보는 것이 타당하다.

울산광역시 수준의 인구가 인생에서 거의 가장 큰 괴로움과 자괴감에 빠진 사건이자, 현실적으로 한 건당 평균 1,100만 원이 넘는 실질적인 고통을 안겨준 이 범죄들이 그냥 개인적인 잘못으로 치부하고 넘어갈 일인가? 실제 아주 많은 이들이 극단적인 선택까지 했을 것으로 추정되고 가정이 파탄 난 경우도 부지기수이리라.

한마디로 말하련다. 뭐가 개혁인가? 경찰과 검찰 판사들은 뭐하는 사람들인가? 국민들 90%가 CCTV를 수술실에 설치하길 원한다고 해도 국회의원들은 여야 가릴 것 없이 눈 하나 꿈쩍 않고 법 제정 안 하는 것과 마찬가진가? 정치인들이 서민의 진짜 고통에 대해서는 이 정도로 관심이 없다. 보이스피싱 피해자들을 생각하면, 갑자기 명예훼손이 생각난다. 작가들이 영화나 드라마, 소설에서 어떤 직업군을 묘사할 때 표현의 자유에 심대한 제약을 느낄 정도로 명예훼손에 대한 강박이 상당하단다. 그러다보니 거지, 창녀, 건달, 다방아가씨, 노숙자 등등 아무리 폄하해도 누구 하나 걸고넘어지는 사람 없는 부류들의 이야기가 많다고 한다. 마찬가지 아닐까? 보이스피싱 피해자들은 절대로 뭉치는 법이 없다. 그렇게 많은 사람들이 한순간의 판단 부족으로 억울하게 사기를 당했는데도 모두 자신의 어리석음만 탓하면서 괴로워하기 때문이다.

정치가 나서줘야 하는 이유다. 어린이들이 고아원 시설을 더 좋게 해달라고 스스로는 말 못하는 것과 같은 이치다.

복지 차원으로 접근해도 좋고 정의 실현 차원으로 접근해도 좋고 신뢰사회 구현 차원으로 접근해도 좋다. 셋 다 버무려도 좋다. 보이스피싱, 기획부동산, 불법다단계 등등 대규모 피해자를 양산하고 있는 이 사기 범죄들과의 전쟁을 선포하고 싹 다 소탕해주시라. 이런 범죄 피해자들의 공통점은 누가 누군지도 서로 모르고, 뭉쳐서 한목소리를 내지 못한다는 점이다. 국가가 나서줘야 한다. 피해자에 대한 유·무형의 적극 지원과 범죄자 초강력 소탕작전을 지속적으로 시행해 주시라.

국가는 범죄로부터 국민을 지켜줘야 할 의무가 있다. 그렇지 못했을 때 국가는 국민을 찾아뵙고 사죄하고 보상금을 주게 되어 있다. 신체의 손상에 대해서만 시행할 것이 아니라, 또 사후事後에만 행할 것이 아니라 경제적인 피해자들에게도 사과를 함과 더불어 강력한 응징을 통한 범죄 예방을 해야 할 것이다.

3. 화폐 모델

세계 모든 나라의 가장 고액권엔 그 나라의 상징적인 인물이 그려져 있다. 적어도 국민 전체와 관계있는 의미 있는 분야에서 두드러진 업적을 남긴 사람이 모델이다. 내가 알아본 바로는 그렇다. 그런데 딱 한 나라만 예외다. 바로 우리나라다. 대체 신사임당이 무슨 업적이 있어서 세종대왕보다 다섯 배나 큰 액수의 지폐 모델을 하고 있을까? 이순신 장군이 모델로 활동 중인 100원짜리보다 무려 오 백배나 큰 가치의 화폐에 신사임당이 들어앉아 있다. 문자는 인류 발명품 중 최고라고 친단다. 그런데 만든 이가 분명한 것은 한글이 유일하다고 한다. 게다가 그 한글이 모든 문자 중에서 가장 과학적이란다. 그걸 만든 사람은 한술 더 떠서 한민족 역사상 압도적으로 가장 성군聖君이었다. 그런데도 신사임당이란 여성이 그 성군보다 다섯 배 더 큰 액수의 화폐 모델이다. 이걸 대체 어떻게 설명해야 하나.

신사임당은 그림을 잘 그린 조선 중기의 여성이었고 특이 사항으로는 율곡 이이가 아들이라는 점이다. 그런데 어처구니없게도 아들 이이마저 오천 원짜리 지폐 모델로 활동 중이다. 이 대목에서 다시 말하지 않을 수 없다. 대체 이 모자母子가 우리나라 역사 발전이나 민족정기를 세우는 분야라든가 외적을 막았다든가 과학기술에 지대한 공을 세웠다든가 국위를 선양했다든가 등등의 분야에서 무슨 일을 했을까? 무슨 일을 했기에 이순신 장군은 100원짜리 동전에 간신히 턱걸이하셨는데 이들은 이런 융숭한 대접을 받고 있을까? 천원 지폐의 퇴계 이황은 더 말해 무엇하랴.

가만 보면 독립운동을 한 분들은 철저히 배제되었다. 굳이 여성을 한 명 넣으려고 했다는 변명을 하려 한다면 논개나 유관순도 있었다. 설문조사에서 신사임당이 많이 나왔다는 근거로 이렇게 진행했다는 것은 뇌가 없음을 자인하는 것과 다름없다. 신사임당은 일제가 우리나라 강점기때 아들을 전쟁터에 아낌없이 보내는 '군국의 어머니' 이미지로 삼기 위해 역사에서 끌고 나온 인물이다. 신사임당 본인은 그냥 화가였다. 어떤 자료에선 조선 13대 화가로 꼽히기도 했다. 여성이 그 정도로 인정받는 것은 조선시대를 감안하면 대단한 일이었다. 그런데 그게 왜 5만 원권에 들어갈 일인가. 신사임당이 현모양처의 대명사가 된 것 등등에 얽힌 정치적 목적들을 일반 대중이 모르니 대충 무난한 설문 결과가 나온 것이다. 신사임당이 5만 원권 모델로 확정되자 오히려 여성계가 반발했던 이유 중엔 이런 역사적 배경도 있었던 것이다.

우리나라만큼 파란만장한 역사를 갖고 있는 나라가 세계에 또 있을까. 그만큼 인물도 많았다. 그런데 생각해보라. 신사임당, 이이, 이황, 이 세 사람이 과연 후손들에게 무슨 대중적인 존경받을 만한 일을 했던가. 학문적 업적이 대체 어느 정도인지 지금 수백 년이 지나서 우리 5천만 후손들이 그렇게 모두 지갑에 넣고 다니며 그 업적을 기리고 이렇게 우리 고유의 글과 문화 영토 자랑스러운 역사를 남겨주셔서 감사하다고 늘 새길만 한 분들인가?

초등학생들이, 이분들께서 왜 여기에 들어 있냐고 물을 때 적어도 "응, 이분이 아니었으면 우리가 지금 일본의 식민지가 되어서 우리말도 못쓰고 우리글도 못 쓰고 우리는 그냥 일본인이 되었을 거야. 그런데 이분처럼 목숨 걸고 나라를 지킨 분들이 많은데 대표로 이분이 여기 올라가 계신거야"라고 말할 수 있어야 하는 거 아닐까? 여성도 마찬가지다. 지금이 어느 시댄데 신사임당이 자라나는 우리 딸들의 롤모델인가!

십 원짜리엔 다보탑, 오십 원짜리엔 통일벼, 이순신 장군 백 원짜리, 오백 원짜리엔 그냥 학 한 마리, 천 원엔 이황, 오천 원엔 이이, 만 원 세종대왕, 오만 원 신사임당. 이 모델들을 전면 교체해 주시라.

내친김에 내 마음속의 후보들을 적어 보겠다.

나라가 위기에 처했을 때마다 어김없이 떨쳐 일어났던 의병들, 4·19와 5·18(같은 화폐에), 세종대왕, 광개토대왕, 이순신, 유일한(유한양행 창업주), 김구, 안중근, 유관순, 박정희와 김대중(같은 화폐 양면에), 정주영과 이병철(같은 화폐 양쪽에), 그리고 우리의 엄청난 교육열을 상징하는 그 무엇.

4. 한글을 믿습니다

인터넷을 사용할 때 웬만하면 거쳐야 하는 관문이 있다. 바로 입력창이다. 휴대폰을 이용할 때는 헷갈릴 일이 없는데, 데스크탑이나 노트북을 사용할 때는 어김없이 백스페이스키를 누를 수밖에 없는 상황을 늘

겪게 된다. 한글과 영문을 구분해서 입력해야 하기 때문이다. 한글로 입력하려는데 영문으로 설정되어 있고, 또 그 반대의 경우도 같은 비율로 있다. 하루에도 수십 번씩 이런 일을 겪는다. 글쎄 얼마나 시간을 낭비할까? 내가 셀프 관찰을 해서 통계를 내보니 한 번 수정하는데 2~3초 정도 걸리고 이 일을 하루 평균 20번 이상 하는 것 같다. 검색과 이메일을 많이 쓰는 영향도 있는 것 같은데 많을 때는 50번도 한다. 매일 거의 100초 이상 하는 셈이다. 적을 때는 1분에서 심할 때는 2분도 한다는 말이다. 전 국민으로 따지면 어마어마한 시간이다. 국가적 낭비다.

답이 있다. 가난은 해결 못 해도 이건 나라님이 어떻게 해줄 수 있다. 모든 인터넷 입력창의 기본값을 한글로 설정해 놓는 것이다. 이미 네이버와 다음은 실시하고 있는 정책이다. 네이버와 다음은 메인페이지의 검색창을 한글로 기본 설정해 놓고 있다. 그들도 다 고객 편의를 위해 조사해 보고 연구해 보고 검증했을 것이다. 그런데 애석하게도 운영체계 익스플로러의 네이버와 다음 메인페이지 말고는 다른 곳은 발견하지 못했다. 아니 설사 있더라도 그다지 많이 이용하는 사이트가 아니었으리라. 웬만한 데는 내가 이 글을 쓰기 위해 찾아다녀 봤으니까.

내가 이 글을 쓰려고 설문조사 좀 해 봤는데 두 가지로 요약할 수 있는 답이 나왔다. 첫째는 "그렇게만 된다면 괜찮을 거 같다. 모든 검색창의 기본 설정이 한글이라는 믿음이 있다면 편하겠다."라는 답이 훨씬 많았다. "그냥 뭐 지금도 별로 불편한 거 생각 안 해봤다."라는 응답도 있긴 했다. 다음으로 "그게 가능하겠는가?"였다. "국가에서 그런 것도 해 줄까?"였다.

  일단 정부 기관 사이트들은 마음만 먹으면 순식간에 적용할 수 있을 것이다. 그리고 정부의 권고사항을 대놓고 안 하겠다는 업체가 몇 개나 될까? 자율에 맡기긴 하지만 정부는 이렇게 했으면 좋겠다고 공개적으로 천명闡明만 하면 된다. 취지에 공감하는 소비자들이 기업에 압박을 하면 그리 어렵지 않으리라. 이게 뭐 이념이 들어간 프로젝트도 아닌데 굳이 안 하겠다고 할 이유를 찾기 어렵다. 게다가 사용자들이 편하다는데.

  물론, 대통령 선거공약으로 약할 수 있다. 그러나 20대들에겐 1조 원 짜리 토목공사보다 이런 것이 더 와 닿을 수 있다. 그리고 신선하다면 신선할 수 있는 공약으로 후보의 이미지 제고에도 도움이 될 수 있지 않을까?

  내 개인적으로 절약되는 시간만 일 년에 대 여섯 시간은 넉넉히 될 것 같다. 이 정도면 전 국민에게 드리는 선물이라고 봐도 과언이 아닐 것 같은데….

  PS : 한국은 전 세계에서 Ms Word가 시장을 장악하지 못한 유일한 나라다. 나는 이 사실이 정말 감격스럽다.

5. 전 국민에게 젊음을 선물

"1년 6개월을 젊게 해 드리겠습니다."

전 국민을 순식간에 1.5년을 젊어지게 하는 마법. 이걸 대통령이 할 수 있다. 세계에서 한국인들에게만 부릴 수 있는 마법이다.

한국인들만의 나이 계산 문화를 바꾸는 거다.

이미 우리나라 공공기관, 의료기관 등에서는 날짜까지 따진 철저한 서양식 나이를 사용하고 있다. 가끔 병원에 가서 차트를 보고 두 살씩 어려진 내 나이를 보고 깜짝 놀랄 때가 있다. 생일이 10월 19일이다 보니 거의 두 살을 그냥 괜히 더 먹고 살고 있다. 아내는 나보다 더하다. 12월 28일이다. 태어난 지 100시간도 안 돼서 두 살이 되었다.

전 세계에서 이런 식의 나이 계산법은 우리나라가 유일하다. 같은 유교문화권인 중국, 일본에도 이렇게 심하게 불합리한 나이 계산법은 아예 없다. 왜 우리나라만 이런 문화를 가졌을까? 짐작건대 장유유서長幼有序, 찬물도 위아래가 있다는 식의 서열문화 때문이 아닐까? 싸움만 붙었다 하면 "너 몇 살이야?"가 절대 빠지지 않는 것과 무관치 않다고 본다.

나이만큼 모든 사람에게 공평하게 뿌려지는 것이 또 있을까. 내가 전혀 노력을 하지 않았는데도 어김없이 남들과 똑같이 매년 하나씩 받는다. 그리고 그것은 각종 싸움이나 생활문화에서 요긴하게 쓰인다. 그러니 거짓말을 하지 않는 범위 내에서 최대한 더 갖고 싶은 심리가 생겼고 너도나도 다 비슷한 생각이니 나이 최대한 끌어올리기는 집단 전체의 문화가 되어버렸다. 불합리한 무언가가 사회를 먹구름처럼 덮고 있다는 느낌을 지울 수가 없다.

전 국민의 나이를 병원의 차트에 써진 나이처럼 규정 짓게 하는 문화를 만드는 일은, 비단 전 국민을 평균 1.5년 젊어지게 하는 효과만 있는 것은 아니다. (00년에 태어난 사람은 22년이면 현재 문화로는 23세. 그런데 22년 7월 1일 시점에선 00년생 중 절반은 생일이 지났고 절반은 아직이다. 12월 31일이 되어서야 모두 22세가 된다. 따라서 서양식 나이 계산법을 상시적으로 적용하면 우리 국민은 평균적으로 1.5세가 젊어진다고 말할 수 있는 것이다.)

판사를 정년퇴직하고 60대에 미국에 가서 7년 공부 끝에 73세에 물리학 박사학위를 받아온 강봉수 박사는 이렇게 말한다.

"미국에 가서 공부할 수 있는데 아주 큰 도움이 된 게 있었는데 그건 바로 아무도 나이를 묻지 않는다는 거였어요"

나이가 주는 고정관념에 대해서도 생각했고, 그것을 적당히 없앤다는 것은 사회를 덜 권위적이고 더 자유롭고 더 공정하게 만드는 작은 출발일 수도 있다는 생각을 했다.

나이와 연공서열을 따지는, 그것도 과도하게 감안하는 문화에서 학문의 꽃이 피기 힘들다는 것은 모두 인정하는 사실이다. 비단 학문 분야뿐이겠는가.

　궁금한 것에 대해서는 말할 것도 없고 잘못됐다고 생각하는 것조차 질문이나 문제 제기를 못 하는 분위기가 이 사회에 만연하고 있다면 그 뿌리는 무엇이고 개선 방안은 무엇일까. 구체적인 해결 방안, 실천 방안은 뭐가 있을까. 제도적 개선으로 해결할 것이 있고 사회운동으로 접근하는 방법도 있다고 본다. 중요한 것은 사회적 담론을 제시하고 작은 것부터라도 물꼬를 터야 한다는 것이다. 그것을 서양식 나이 계산 문화에서 시작하자는 것이다.

　1990년부터 10여 년간 대한항공은 7건의 항공사고를 일으켰다. 1997년 8월에 발생한 KAL기의 괌 추락 사고는 기장과 부기장 간의 소통 부재에서 기인한 것으로 드러났다. 다른 대부분의 사고도 낮은 비행고도나 연료 부족 등의 위험한 상황에서 기장의 권위에 눌려 부기장이 의견을 강력히 말하지 못해서 발생한 것으로 나타났다.

　1999년 한진그룹 회장으로 취임한 조양호 회장은 미국인을 훈련·교육 책임자로 임명해 조종사들의 문화를 바꾸고 조종실 내 소통을 강화했다. 그리고 국제선의 조종실에서는 영어로 대화하도록 했다. 영어라는 언어에서는 권위가 들어설 여지가 없었다. 이로 인해 부기장은 자기의 의견을 기장에게 적극 개진할 수 있었다. 사고는 눈에 띄게 줄어들었다.

- 세계일보 2015년 1월 19일 -

"나이도 어린 것이 싸가지없이 말이야….". 이런 말이 사회 곳곳에서 계속 횡행하는 한 우리 사회는 계속 위험할 것이며 발전은 더딜 수밖에 없을 것이다. 장유유서 문화가 가진 장점이 왜 없겠느냐마는 과유불급過猶不及이 현 상태를 대변하고 있다고 본다.

나이로 위아래를 나누고 그것으로 관계를 정립하고 둘만의 개인 관계가 아닌 모든 일에 그 서열의 관계를 대입시키는 문화는 필연적으로 불합리와 불공정을 내포하고 있다.

'온 국민 합리적으로 나이 줄이기'는 그 합리화와 공정의 사회로 가는 작은 시작점이 될 수 있지 않을까?

PS : 여자 나이엔 30살과 31살, 40살과 41살, 50살과 51살은 없단다. 29세, 39세, 49세 땐 누가 안 시켜도 철저히 생일까지 따져서 아직은 29세, 39세, 49세라고 말하기 때문이란다. 그러다 보니 당연히 30살, 40살, 50살은 자연스럽게 사라지고 31세, 41세, 51세 때도 애써 나이를 잊으려 하니 벌어지는 약간은 재밌는 현상이다.

6. 부동산으로 나라가 망해가고 있다. 뭣이 중헌디?

육군참모총장은 국방장관에게 전화를 걸어 비서실장 중령에게 장관의 위치를 물었는데 비서실장은 다음과 같이 대답했다.

"장관님은 숙소에 계실 겁니다. 그렇지만 아시다시피 장관님은 영국에서 오래 사셨기 때문에, 일요일에는 아무도 만나지 않고 전화도 받지 않으십니다."

국방장관과 통화가 되지 않자 육군참모총장은 직접 국방장관 집으로 찾아가 상황을 설명했는데 이때는 이미 전쟁이 일어나고 3시간이나 지난 오전 7시였다.

이상은 1950년 6월 25일 아침에 대한민국 서울에서 일어난 실화다.

히틀러는 보통 새벽에 잠이 들어 정오쯤 일어났다고 한다. 그런데 그는 숙면을 방해받는 것을 극도로 싫어했단다. 부관들은 그것을 너무도 잘 알고 있었기에 연합군이 노르망디 상륙작전을 감행하였을 때 히틀러를 깨우지 못했다. 소련 쪽으로 향하던 기갑부대를 돌려 방어할 수 있음을 뻔히 알면서도 발만 동동 굴렀단다. 히틀러가 일어났을 때는 이미 연합군이 노르망디에 완전히 상륙하여 진지를 구축한 뒤였다. 세계 역사가 바뀐 몇 시간이었다.

지금 나라가 망해가고 있는데 위정자들은 그 심각성을 제대로 인지하고 있는지 모르겠다. 눈만 뜨면 검찰개혁 해야 한다면서 극성 지지자들의 치마폭에 싸여 민생과는 동떨어져 놀고 있다. 부동산과 경제가 얼마나 국민의 가슴과 머리를 꽉 채우고 있는지 정녕 모르는 듯하다.

'IMF시절' 얼마나 많은 국민이 극단적 시도를 했던가. 서민들이 얼마나 힘들었는가. 지금 2021년의 앞에, 그 20여 년 전 악몽의 기운이 감돌고 있다.

민란이 일어나지 않는 것이 의아한 상황이다. 만약 이명박이나 박근혜 집권기에 이런 정도의 부동산사태가 일어났다면, 그야말로 광화문 사태가 일어났을 것이다.

부동산 문제, 나아가 먹고 사는 경제 문제를 '북한의 남침'과 '노르망디 상륙' 수준으로 인식하지 않는 한 나라는 계속 망해갈 것이다.

부동산 문제 해결은 크게 세 가지 방향으로 추진되어야 한다.
첫째, 수도권 살기 좋은 곳에 양질의 아파트를 싸게 공급하는 것. 그런데 그 양이 엄청날 것.
둘째, 지방에 썩 괜찮은 일자리를 많이 만들고 이를 대대적으로 홍보하는 것.
셋째, 꼼수 포함 2주택 이상 보유세 인상과 상상 초월하는 범위까지 세무조사를 실시하는 것. 그리고 그 과정과 결과를 국민에게 적극적으로 알리는 것.

첫 번째로, 공급이다.

수도권 가장 비싼 곳이 어딘 줄 누구나 다 알고 있다. 삼국지 읽어 본 사람들은 모두 알듯이, 전쟁은 장수끼리 나와서 1:1 진검승부를 하고 거기서 이긴 쪽이 여세를 몰아 진 쪽을 추격하면서 끝이 난다. 그 대한민국 가장 비싼 곳을 정조준 겨냥하고 들어가자.

◇ 성남 서울공항에 아파트를

국방부와 공군을 지휘한 이명박은 롯데 123층 빌딩을 밀어붙여 짓게 했다. 일자리 몇만 개가 생겼다. 국방부에서 반대하던 안전 문제를 활주로 각도 살짝 바꾸는 것으로 해결해줬다고 한다. 지금 5년이 지났는데 항공기 문제로 위험했다는 소리 한번 못 들어봤다. 안전성에 대한 결론은, 평시엔 무난 전시엔 불안으로 귀결되는 것 같다.

수원의 군 공항 이전 논의는 화성에 통합국제공항을 건설하는 것으로 의견이 수렴되는 분위기다. 서울공항의 기능을 일단 수원으로 옮기고 추후에 화성으로 합치자. 그리고 최대한 빠른 시간 안에 그 자리에 신도시를 건설하자.

강남보다 훨씬 살기 좋은 도시를 만들자. 일단 위치가 좋다. 강남과 분당 사이다. 심지어 공기도 좋다. 여기에 층간소음프리 아파트를 지어 32평형을 2~3억 원에 분양하자. 토지를 국가가 갖고 아파트 건물만 분양하는 것으로 한다. 3억 원짜리 아파트가 강남의 30억짜리보다 더 살기 좋은 주거 공간이 된다.

　평당 1억 원씩 하는 아파트들도 들어가서 살아보면 층간소음 때문에 고통받는 것은 똑같다. 건설사들이 평당 500~600만 원씩 받고 기계적으로 짓고 있기 때문에 그렇다. 결정적으로 건설사는 층간소음에 그다지 관심이 없다. 그 의사결정 과정에 참여했던 적이 있었는데 대형건설사들의 '무개념'에 놀라움을 금치 못했던 기억이 있다. 층간소음은, 실거주자들에겐 가장 관심이 있는 세 손가락 안에 들어가는 것인데 반해 건설사들엔 규정만 맞추면 더 이상 고민할 이유가 전혀 없는 항목일 뿐이다. 그 규정이라는 것도 사실 건설사들의 로비에 누더기가 된 형식적 조항일 뿐이다. 참고로 관련 기술은 이미 최첨단이다. 분양가에 비하면 눈곱만큼 비용이 증가할 뿐이다.

　'층간소음프리 신도시' 그것 하나만으로도 센세이션을 일으킬 것이다. 앞으로 아이 낳을 신혼부부들, 어린아이들이 있는 가구들에 폭발적인 인기를 누릴 것이다. 수백조 원을 출산 대책에 쏟아부었다는데 다 어디로 갔나? 이런 데에 써야 하는 거 아닌가? 아이들 키우기 좋은 세상 만드는 정치를 하겠다면, 진짜 피부에 와 닿는 이런 일을 해야 한다고 믿는다.

 평당 7천만 원짜리 아파트에 살면서, 위층에서 나는 쿵쿵 소리 들을 때마다 평당 7백만 원짜리 층간소음프리 쾌적한 아파트가 생각나게 해 줘라.

◇ 그린벨트를 과감·공정하게

 그린벨트! 확 풀어서 아파트를 지어라.

 뭘 망설이는가. 지금은 노르망디에 적이 올라오고 있는 상황이다. 한 가롭게 환경 운운할 때가 아니다. 환경 보전을 아예 하지 말자는 얘기가 아니지 않는가. 그 기준을 완화시켜야 한다는 뜻이다.

 여기에 짓는 아파트들도 마찬가지로 정부가 수용하라. 말도 많고 탈도 많은 LH에 맡기지 말고 직접 하라. 토지수용가격을 확 낮춰라. 그대로 두면 법적으로 개발이 불가능한 땅을 평당 수백만 원씩에 매입해 줘서, 국민적 공분을 사는 일은 더 나쁘다. 그린벨트에 땅을 가지고 있는 사람들은, 조상부터 그냥 계속 내려받았거나 기타 소수를 제외하고는 대부분 투기적 심리를 갖고 있는 사람들이다. 그런 사람들에게 수십억에서 수백억 원씩이 돌아가고, 그 부담은 모두 평당 건축비 500만 원짜리를 평당 6천만 원에 분양받는 사람들이 내고 있다는 것을 생각해야 한다.

지금도 우리나라 시멘트엔 일본산 석탄재, 폐타이어 등이 혼합되어 있다. 한마디로 발암물질 쓰레기로 만든 시멘트다. 환경단체와 환경운동가 최병성 목사에 따르면 2019년 기준으로 우리나라에서 쓰레기로 만들지 않은 시멘트는 없다고 한다. 원가 구조를 보면 쉽게 달라졌을 리 없어 보인다.

그린벨트였던 푸른 초원 위에 그림 같이 짓는 아파트인 만큼 이 쓰레기 시멘트를 없애자. 아파트 한 채당 쓰레기 시멘트를 안 쓰는 데 드는 추가 비용은 불과 30만 원이란다. 발암물질 없는 시멘트로 지은 집에 사는데 30만 원만 더 내면 된다는 것이다. 그걸 아무도 안 하고 있다. 이게 우리나라 건설업계의 현주소다. 그리고 환경부 수준이고.

다음으로 중요한 것은, 지방에 썩 괜찮은 일자리를 만드는 것이다. 서울도 그렇지만 지방엔 양질의 일자리가 너무도 부족하다. 획기적인 전기가 필요하다.

◈ 인센티브와 함께 두려움을 줘라

지방에 내려가지 않는 수도권의 대기업 중견기업에 불이익을 줄 방법을 생각하라. 지방 지자체에서는 각종 혜택이 준비되어 있으니 인센티브 쪽은 됐고, 정부 차원에서는 불이익을 고안하고 강력히 실행하라. 그리고 그 정도는 불편함을 넘어서 두려움이 되게 해야 한다.

수도권에서 계속 사업을 하고 싶은 기업들은 법을 철저히 지켜야 할 것이다. 새로운 법을 만들어서 압박을 가할 필요도 없다. 우리나라 법은 지키고 해석하는 사람에 따라 이현령비현령이다. 여기에 시행령과 조례 등까지 합하면 대단히 난해해진다.

박정희가 했던 정책 중에 미완에 그친 것이 있다. 당시에 그걸 더 강한 의지와 혜안을 가지고 추진했더라면 어땠을까 하는 아쉬움이 남는다. 바로 서울의 주요 사립대 지방 이전 정책이다. 한양대는 안산, 중앙대는 안성, 연세대는 원주, 고려대는 조치원, 동국대는 경주, 단국대는 천안, 한국외국어대는 용인, 이런 지방 캠퍼스가 이때 만들어졌다. 서울 캠퍼스는 대학원 중심으로 남고 학부는 모두 지방으로 옮기는 장기 계획이었다. 그때 그 정책이 자리를 잡았더라면 지금의 수도권 집중이 한층 완화되지 않았을까?

사실 박정희가 이런 썩 괜찮은 정책을 시행할 수 있었던 것은, 실제로 대한민국의 미래를 위한 마음이 있었을 것이고 거기에 자신이 영구집권할 줄 알았기 때문이었을 것이다. 그러다 보니 '백년대계'를 거리낌

없이 추진했던 것으로 보인다. 이유야 그럴 수 있지만 결과적으로는 더 확실하게 못하고 죽은 것이 아쉽긴 하다.

1977년 3월 8일에 발표한 '인구재배치 국가기본계획'을 보면 이것이 정녕 34년 전에 내놓은 정책인가 눈을 씻고 싶은 생각이 들 정도로 탄탄했다. 박정희 정권의 수도 이전 계획이 그냥 군사적 목적만이 아니었음을 느끼기에 충분했다.

박정희의 자신감은 두려움에서 나왔으리라. 그는 제왕이었다. 그를 두려워하지 않는 자가 몇이나 되었을까. 특히 기업하는 사람들, 사학재단 이사장들 같은 이들은 감히 반대 의견을 낼 수 없었으리라. 두려움은 일이 일사천리로 진행된 결정적인 이유였을 것이다.

독재를 찬양하자는 것이 아님은 구태여 다시 말할 필요가 없으리라. 다만, 일의 효율성을 말하고자 함이다. 두려움과 이익은 인간 행동을 유발하는 가장 강력한 동기다. 그중에서도 두려움이 더 강력하다. 그 차원을 말하고 싶은 거다.

준법을 요구하라. 서울과 수도권에서 사업하려면 보다 엄격한 준법정신을 가지라고 하시라. 그리고 공해유발세 등의 세금을 신설하는 것도 생각해볼 만하다. 수도권에서 계속 사업을 하는 것이 어딘가 불편하게 하라. 그렇게 불편을 느끼고 있을 때 지방의 각종 혜택을 제시하라. 그렇게 하나둘 떠나다 보면 지방에서도 기업하기 좋은 환경이 조성될 가능성이 커진다. 선순환이 일어날 것이기 때문이다.

좀 과격한 것 같지만 어쩔 수 있겠는가. 지금의 수도권공화국이 계속
되는 것 자체가 나라가 망해가는 수순인데 뭘 주저하고 아끼겠다는 것
인가. 과감해지시라.

◇ 보유세 인상 그리고 세무조사

2021년 현재 몇 년간 지속되어 온 세계적인 저금리 시대는 곧 마감
될 것이다. 금리가 올라가면 아파트값은 떨어지게 되어 있다. 그런데
여기에 기름을 확실하게 부어야 한다. 2주택 이상, 특히 3주택 이상 소
유자들에 대한 보유세를 더 세게 올려야 한다.

또한 임대사업자 특혜가 가장 큰 문제로 지목되고 있다. 그들에게 합
리적인 세금을 부과하시라. 문재인 정부의 부동산 정책이 '산'으로 가
기 시작한 것이 임대사업자에게 과도한 특혜를 부여했을 때부터였다.
이들에 대한 특혜 과오를 바로잡아야 한다.

부동산 투기 사범에 대한 세무조사에 대해 획기적인 방식을 시도하
라. 정확히 말하자면 홍보 전략을 확실하게 하시라는 것이다. 세무조사
를 한다는 것은 통장을 들여다본다는 의미인데 거래 내역을 보다가 의

심스러운 거래가 자주 있는 대상이 있으면 조사할 계좌가 늘어나게 된다. 그 사실을 알리라고 말하고 싶다.

투기 의심자와 거래가 있는 회사나 개인의 통장도 열어보고 있다고 홍보하라. 그리고 필요할 경우 부동산 투기자와 통장 송금 거래가 있는 회사들과 개인에 대해 세무조사도 실시하겠다고 하시라. 부동산 투기자의 통장 속에 등장만 해도 세무조사 타깃이 될 수 있다는 말이 되겠다. 사업하는 자식 둔 사람은 이 소리 듣고 절대 부동산 투기 못 한다. 부모와 자식 간에 적은 돈 푼이라도 통장 거래가 있었을 텐데, 부모가 부동산 투기했다가 세무조사 받으면 자식 회사까지 불똥이 튄다고 미리 알기만 해도 큰 예방 효과가 있으리라.

너무 과격하다고 생각할 수도 있으리라. 나도 어느 정도는 그렇게 생각하니 당연하다. 그런데 문재인 정부는 부동산을 잡겠다고 무려 25번의 새로운 정책을 내놨다. 취임 45개월 만이다. 평균 2개월도 안 돼서 한 번씩 내놨다. 그리고 대통령은 기회 있을 때마다 집값 안정은 자신 있다면서 정부를 믿어달라고 했다. 부동산 투기꾼들에게 별의별 경고와 엄포를 다 놓았다. 이젠 누구도 '늑대가 나타났다.'라는 말을 믿지 않는다.

부동산 가격을 안정시키겠다는 허언虛言은 더 이상 필요 없다. 닥치고 공격, 닥공만이 유일하게 남은 전략이다.

7. 진짜 전문간호사제도를 도입하라

미국 25개 주에서는 진단 처방 개원에 아무런 제약이 없는 전문간호사제도가 실시되고 있다. 나머지 주들도 정도의 차이만 있을 뿐 전문간호사제도는 미국 전역에서 정착되어 있다. 의사와 협업을 해야 할 분야가 있긴 하지만 전체적으로 전문간호사는 독자적으로 의료행위를 무리없이 행하고 있다는 평가다. 수십 년째 큰 문제가 없었기에 갈수록 그들의 의료행위 영역과 독립성이 커져 가고 있다. 그런 연유로 전문간호사의 진단, 처방, 독자 개원을 전면 허용하는 주가 늘어나고 있는 것이다.

미국의 전문간호사들은 주마다 다르긴 하지만 대체로 몇 년간의 임상경력이 있어야 하고 관련 시험을 통과해야 한다. 그들은 주로 1차 진료에 관한 의료행위를 한다. 기초 건강검진과 만성질환에 대한 진단과 처방을 하고 엑스레이 등의 의료기기 사용에 대한 오더와 판독을 한다. 주치의 역할이라고 보면 자연스럽다.

대한민국에선 2021년 검경수사권조정이 있었다. 70여 년 만에 이루어진 전면적인 법 개정이었다. 경찰에게 검찰이 가진 권한의 상당 부분을 양도한 것으로 정의될 수 있다. 그러나 그것은 자세히 들여다보면 이미 하고 있는 일에 대한 책임과 권한을 준 것에 다름 아니다. 경찰들은 모든 형사사건의 98%를 그전부터 수사하고 있었다. 다만 수사지휘를 검사로부터 받고 있었기에 책임에서 좀 벗어나 있었을 뿐이었다. 하던 일은 변함이 없되 1차 수사 종결권을 갖게 되는 등 권한과 그에 따른 책임이 더 커진 셈이다.

경찰은 검찰에 비해 수사능력이나 자질 면에서 현저히 떨어지는 것이 사실이다. 그러나 이번 검경수사권조정으로 경찰의 위상이 올라갔으니 자체 교육과 우수 인재들의 지원으로 향후 수준이 높아질 것이라고 보는 것이 합리적이다.

우리나라에서 의료인은 의사와 간호사 두 집단뿐이다. 그런데 권한으로 보자면 이들의 관계는 검사와 경찰에 비교할 바가 아니다. 그 정도로 의사의 권한이 막강하다. 간호사는 법적으로만 보면 의사의 지시 없이 독자적으로 할 수 있는 의료행위가 거의 없다고 봐도 과언이 아닌 수준이다. 의사들이 1948년부터 지금까지 막강한 힘을 바탕으로 둘의 관계에 해당되는 법을 바꾸도록 허락하지 않았기 때문이다. 사실 최근까지는 제대로 된 시도조차 없었던 것 같다.

물론, 2021년 현재 전문간호사제도라는 개념은 한국에 존재한다. 그러나 그야말로 있으나 마나 한, 전혀 의미가 없는 법이란 것은 현장에서 다 알고 있는 바다. 어차피 의사의 지시나 감독이 없으면 아무 일도 못 하는 것은 마찬가지이기 때문이다.

결국 이 점은 정치권과 정부의 직무유기, 남녀 성 역할에 관한 고정관념, 가부장적 유교 문화, 비민주화와 공정치 못한 사회 분위기 등등이 섞여 있는, 단순치 않은 문제란 판단이다.

한편, 복잡하게 생각하지 않아도 되는 '기준'이 있다. 권위주의 시대가 저물었다는 점이다. 신성불가침의 영역으로 느껴졌던 분야도 대부분 무너졌다. 사회와 가정 등 모든 분야에서 절대권력은 더 이상 없다.

의사들이 가장 무서워해야 할 것은 간호사와의 권한 나누기가 아니다. 인터넷이다. 그중에서도 유튜브다. 의사들은 자신들만이 갖고 있던, 권위의 바탕이었던 전문 지식을 일반인들과 공유함으로써 소위 밑천이 다 드러나게 된 것이다. 이미 사라져가는 권위를 의료법이라는 한 가닥 동아줄에 의존하려고만 해선 안 된다. 비교적 단순한 1차 진료와 기계가 하는 건강검진, 반복적 처방 등은 전문간호사들에게 넘기고 의사들은 좀 더 전문적인 의료 영역으로 나아가야 한다.

검경수사권조정의 사례와 비슷하다. 간호사는 이미 주사 놓는 것을 비롯해서 간단한 환자 상담 등 많은 일을 하고 있다. 피검사, 소변검사 등의 수치가 무엇을 의미하고 고혈압, 당뇨 등 만성질환에 대해 어떻게 생활 습관을 고치고 대처해야 하는지 잘 알고 있다. 특히 '플라시보' 차원에서는 기존 의사들보다 나을 수도 있다고 생각한다. 그런데도 1차 진료를 주로 하는 주치의 역할을 하기에 간호사들이 부족한가? 둘밖에 없는 전문의료인 집단 중 하나인데도? 제도가 시행되면 경찰들이 스스로 교육을 강화하고 우수한 인재들이 몰리는 것과 마찬가지 효과가 나타날 것이다.

그런 의미에서 세계 최고 수준이라는 대한민국 간호사들을 더 적극적으로 활용하지 않는 것은 국가 차원의 직무유기다.

언젠가는 내가 지금 제안하고 있는 대로 된다. 미국이 그렇게 하고 있고 유럽도 그렇게 바뀌고 있다. 한국도 틀림없다. 그 시기를 앞당기자는 것이다. 국민을 위해서, 서민을 위해서, 지방을 위해서.

PS. 이 글을 읽는 당신이 의사라면 〈누가 내 치즈를 옮겼을까?〉란 책을 읽어보기 바란다. 진심으로 당신을 위해서 하는 조언이다. 이 책을 읽어 주신 데 대한 작가의 선물이라고 해두자.

역사를 두려워해야

　보통 사람들은 자신은 다른 사람들에게 디테일하게 기억될 것으로 생각하지만, 실상은 전혀 그렇지 않다. 한두 단어로 기억될 뿐이다. 핸드폰을 열고 주소록의 이름을 하나하나 보면서 떠오르는 단어들을 생각해보면 쉽게 이해할 수 있으리라.

　임시정부 시절부터 2021년까지 대한민국에서 대통령을 했던 사람들의 이름들을 한 명씩 생각해보고 그들의 이름과 같이 떠오르는 단어들을 적어 봤다.

　주변 수십 명에게 물었고, 놀랍게도 거의 비슷한 대답이 나왔다. 그중 가장 많이 언급된 것들을 위주로 정리했다. 문재인 대통령은 임기를 약 80% 소화했기에 이쯤에선 어느 정도 결정 난 것으로 판단했다.

- 김구 : 독립운동 대부, 윤봉길, 암살
- 이승만 : 부정선거, 4·19, 6·25 때 대국민 거짓 방송, 김구 암살 배후
- 윤보선 : 무능, 장면과 권력 다툼, 잘 모름

- 박정희 : 쿠데타, 10 · 26, 독재자
- 전두환 : 5 · 18 광주학살, 삼청교육대
- 노태우 : 6 · 29선언, 물태우, 3당 합당
- 김영삼 : IMF 경제 위기, 금융실명제, 돌대가리
- 김대중 : IMF 극복, 노벨평화상, 전라도
- 노무현 : 자살, 노사모, 행정수도 이전
- 이명박 : 청계천, 4대강, 구속
- 박근혜 : 최순실, 탄핵, 구속
- 문재인 : 부동산 폭등, 코로나, 조국

내가 문재인 대통령이라면 임기를 1년여 남은 이 시점에서 위 평가를 보고선 잠이 안 올 것 같다. 이대로 내 임기가 끝난다면 나는 역사에 부동산 폭등을 야기한 사람으로 기억될 것이라 생각하면 자다가도 벌떡 일어날 일 아닐까? 자신을 지지해준 계층, 자신이 잘살게 해줄 거라고 약속했던 계층인 서민과 중산층. 이들이 무너졌다. 참담하게 올라버린 아파트값에 이미 넋을 놓아버린 사람들이 수도권에서만도 천만 명이 넘는다.

공들였던 남북관계도 아무 소득이나 진전 없이 끝날 것 같고, 코로나 하나 바라보고 있는데 그마저도 시간이 갈수록, 다른 나라에 비해 엄청나게 잘했다는 평가를 받기엔 턱없이 부족해져 버렸다. 공수처를 발족시키긴 했지만 그것은 역사에 남을 만한 업적이라고 보기엔, 국민들 삶

과 거의 관계없는 권력 놀음에 지나지 않는다고 볼 수도 있다.

내가 보기에도 문재인은 잘해 보려 노력했다. 하긴 웬만해선 그 자리에 앉았다면 훌륭한 대통령으로 기억되고 싶을 것이다. 그래서 뭔가 업적을 남기고 싶을 것이다. 적어도 귀태鬼胎 소리는 듣지 말아야 할 것 아니겠는가. 그런 의미에서 문재인은 어떤 대통령이었는가. 적어도 그를 열광적으로 지지해준 민주세력, 그리고 서민과 중산층의 기대엔 현저히 미치지 못하는 성적표를 받아 들게 될 것 같다.

2022년 3월 9일에 역사적인 인생을 살게 될 대한민국 20대 대통령에게 하고 싶은 말이 있다.

역사를 두려워해달라는 것이다.

한글과 더불어 세계 문화유산 조선왕조실록. 그런데 조선왕조실록이 굉장히 큰 의미가 있는 이유가 있다. 왕들이 자신에 관한 기록과 선대先代의 기록을 볼 수 없게 만들어 놓았다는 점 때문이다. 역사를 두려워하게 만들었던 어마어마한 지혜가 담긴 제도였다.

위 역대 대통령에 대해 연상되는 두세 가지 단어들을 보면 어떤 느낌이 오시는가. 새 대통령님도 5년 뒤엔 몇 개의 단어를 얻게 될 것이다. 그것이 좋은 의미의 단어든 그 반대든 어쨌든 생길 것이다. 그리고 그 단어들은 이제 동시대를 살고 있는 사람들에게 거의 영원히 기억될 것이다.

무능無能을 가장 경계하라고 말씀드리고 싶다. 실무진에게 힘을 실어줄 때는 신명나게 책임과 권한을 주시되, 대통령이 전면에 나서야 할 때는 과감하게 나서서 진두지휘를 하시라. 정권의 명운을 걸고 추진해야 할 일을 몇 가지 정해서 백년대계百年大計 자세로 임하시라. 그리하여 가시적인 성과를 내시라. 당장도 중요하지만, 10년 20년 뒤에 후손들이 당신의 혜안과 추진력에 감탄하게 하시라.

내가 생각하는 당신은 부정·부패와는 거리가 먼 사람이다. 그러나 대통령이 비단 돈을 받지 않은 것만으로 할 도리 다 한 것은 아닐 것이다.

VI. 천기누설

거인의 어깨에 앉아보니

'역사는 반복된다'
그 진리를 바탕으로 2022년 대선을 전망해본다.

1. 2007년 한나라당 경선

경선이 곧 본선인 경우다.

현직 대통령 노무현의 지지율은 10%대를 벗어나지 못하고 있었다. 그 상태가 2년째였다. 참담한 성적표였다.

이명박은 청계천 복원 사업과 버스전용차로 성공으로 인기가 한껏 올라가고 있었다. 그리고 박근혜는 TK를 비롯해 전국적으로 탄탄한 지지층을 갖고 있었다.

그에 반해 여당 후보인 정동영은, 노무현의 인기 추락에서 기인한 낮은 지지율에서 상황을 반전시킬 역량이 부족해 보였다. 정동영은 끝까지 '자기 선거'를 하지 못했다. 본인 선거를 하지 못했다는 의미는 이명박의 약점과 노무현의 실정만을 주제로 서로 공방을 벌였다는 뜻이다.

만약, 윤석열이 대선 출마를 하지 않는다면 또는 못한다면 비슷한 상황이 벌어질 것이다. 윤석열이 야권 경선 레이스에서 탈락한다면 그렇게 될 것이라는 말이다.

홍준표, 유승민, 오세훈 정도가 그나마 상정想定할 수 있는 이름들인데 약해도 너무 약하다. 이들의 선거운동이란 것은 문재인의 실정失政을 욕하는 것 말고는 특별할 것이 뭐가 있을까 싶다. 2007년의 정동영 수준에서 크게 벗어날 수 있을까? 그보다는 좀 나을 수 있겠다. 노무현과는 달리 문재인은 피부에 와 닿는 실정이 많았고, 2021년의 야당은 이대로 가다간 다 죽는다는 위기의식이 그때보단 강하다.

자, 아무튼 윤석열이 나서지 않는다면 민주당에서 누가 나와도 당선될 가능성이 아주, 매우, 몹시, 굉장히 높다. 어떤 후보라도 '2007년의 한나라당 후보 이명박'이 될 가능성이 크다.

이 시나리오는 윤석열이 정치에 입문한 후 얼마나 정치적인 역량을 보여주느냐에 달렸다. 민주당이 아니라 윤석열이 키를 쥐고 있다.

2. 2002년 노무현처럼 혜성같이

2002년의 노무현은 세계 정치사에 길이 남을 엄청난 길을 걸었다. 그가 걸은 길은 대부분 그의 선택이었고 결단이라 불릴 만한 것들이었다. 그 결단은 운명으로 바뀌었고 역사는 그의 손을 잡아 주었다.

불과 대선을 11개월 앞둔 시점에서 노무현의 지지율은 2%였다. 민주당 경선 주자 중에서도 하위권이었다. 국회의원과 부산시장 등 선거란 선거는 다 나오다 보니 대통령 선거도 나온다는 비아냥마저 있었다. 소위 개나 소나 어쩌고였다. 그랬던 그가 노사모라는 초유의 정치인 팬클럽의 결정적 역할에 힘입어 2002년 3월 16일 광주에서 승기를 잡는 기적을 일으킨다. 이른바 '노무현 신드롬'의 시작이었다.

노무현의 등장과 대중의 환호는 예정되어 있었다고 봐야 할 것이다. 바짝 마른 들판이 뙤약볕에 이글거리고 있는 형국이었다. 대중의 갈증, 특히 민주당 지지자들의 목마름이 특히 심했다. 이인제는 아니었다. 영 찜찜했다. 이회창과 신한국당은 절대 악이었다. 결정적으로 이인제로는 승산도 없을 것 같았다. 그 바짝 마른 들판에 노사모와 노무현은 두 개의 부싯돌이 되어 스파크를 일으켰다. 삽시간에 불은 들판으로 번져나갔다. 그야말로 열기가 들불처럼 퍼져나간 것이다. 상황이 이렇게 흐르자 김대중 대통령도 노무현을 지지하지 않을 수 없었다. DJ가 노무현을 지지했다는 사실이 2021년 박지원의 입을 통해 밝혀졌다.

윤석열이 검찰총장을 사퇴했다. 대선을 정확히 1년 앞둔 시점이다. 그의 정치 입문을 기다리고 있는 많은 이들이 환호하기 시작했다. 이는 비단 지지자들뿐이 아니라 대중들도 자연스레 언론을 통해 관심을 갖지 않을 수가 없을 것이다. 4월 재보선 이후부터는 윤석열의 시간이 온다.

4월부터 윤석열은 '기다려온 지도자'의 이미지를 갖게 될 것이다. 잠시라도 그런 이미지를 획득한 이는 한국 정치사에서 몇 명 되지 않는다.

자, 그때부터는 윤석열 하기 나름이다. 마치 준비해온 지도자의 모습을 보인다면 대중은 더 열광할 것이고 한순간 실망의 나락으로 떨어질 수도 있다. 두세 달 정도는 모든 언론과 대중이 그를 예의 주시할 것이다. 목마른 보수층에게 그가 대안이 될 수 있을 것인지 중도층에게 호감을 얻을 수 있을 것인지 무게추가 움직일 준비를 마치고 대기하고 있을 것이다.

노무현의 전설을 재현할 것인지,
반기문처럼 허무하게 사라질 것인지.

윤석열은 정의와 공정을 시대정신으로 만들려고 시도할 것이다. 문재인 정부가 특별히 더 부패했다기보다는, 진짜 적폐 청산을 하겠다고 할 것이고 호응을 얻을 것이다. 정의 실현, 부패 일소 분위기가 일어날 것이다.

그리고 충청에서 확고한 지지를 얻게 될 것이고 경상도에서 이회창에 버금가는 인기를 구가할 것이다. 수도권에서 부동산 분야 급반전이 이루어지지 않을 것이므로 윤석열이 아주 유리하다.

이렇게 되었을 때 오히려 국민의힘을 중심으로 한 야권의 경선이 본선이 될 가능성이 있다. 부동산에 대한 국민적 배신감이 계속된다면 이를 뒤집긴 힘들다.

3. 1997년 DJT연합의 재현

◇ 김대중, 김종필, 그리고 박태준까지

박태준도 그 연합군의 어엿한 독립된 주체로서 합류했다. 대선을 한 달 보름쯤 남겨 놓은 상태에서 박태준은 내각책임제 개헌을 연결 고리로 김대중의 빅텐트 속으로 들어간다. DJP연합에서 DJT연합으로 이름이 바뀌는 순간이었다.

내각제 개헌을 찬성하는 모든 정치 집단은 다 받아들이겠다는 심플한 정체성을 내세운 대선용 단일화의 원조였다. 사실 체급이 너무 차이가 나니 단일화라는 표현은 약간 어색하긴 하지만 당시로는 최초의 상징적 선언이었다. 그리고 결정적으로 효과가 만만치 않았다.

윤석열은 혼자서는 부족하다. 특히 경제 분야가 취약점이다. 이는 단순한 지지 선언 정도로는 채워지지 않는 수준의 미흡함이다. 그리고 무엇보다 정치적으로도 동맹군이 필요하다. 그래서 파트너를 찾을 것이다. 안철수와 오세훈은 이념적으로 온건 보수의 이미지를 갖고 있다. 합리적이라는 평가가 주를 이룬다. 이들과 연합할 것이다.

윤석열 그리고 안철수, 유승민과 오세훈

안철수는 과학기술 미래먹거리 준비 총괄
유승민은 경제 분야 총괄
오세훈은 합리적 중도 보수 이념 상징

A-YO 콜라보 (안철수, 윤석열, 유승민, 오세훈)

4. 온 나라가 투기_投機 투전_投錢판

부동산 폭등에 가치관이 변한 국민이 엄청나게 늘었다. 정상적인 방법으로 부를 축적하고 건강한 사회의 구성원으로 살아가는 것이 잘사는 것이라고 생각하는 사람들이 줄어들고 있다. 그것도 급격히 변하고 있다.

부동산 폭등이 가져온 후폭풍이 쉽게 가라앉지 않을 것이다. 한 번 오른 부동산 가격이, 특히 아파트 가격이 쉽게 떨어지지도 않을 것이며 떨어진다고 해도 문재인 정부 이전으로 돌아가는 것은 거의 불가능해졌다. 이런 상황에서 청년들의 가치관이 변하지 않는 것이 오히려 이상하다. 소위 신의 직장이라 불리는 곳에 취업해도 은퇴할 때까지 '부업' 없이는 서울에 아파트 한 채 살 수 없는데 그들에게 뭘 기대할까?

자연스럽게 20·30 청년들을 중심으로 한탕주의가 심해질 것이다.

한 치 앞을 보지 못하는 것이 정치고 경제라지만, 2021년의 여러 가지 경제 지표는 2022년부터 몇 년간 어두운 터널을 예상케 하기에 충분하다. 그런데 청년층을 중심으로 한 '한탕주의 인파人波'는 그 규모가 갈수록 커져 가고 있기에 국가 차원의 문제가 될 가능성이 크다. 주식 시장의 폭락에 이은 침체는 단순히 개미투자자들의 소소한 손실로 끝나지 않을 것이다. 부동산에 실망하고 주식 실패에 절망하는 사람들이 하나의 부류를 형성하게 될 것이고 사회 분위기를 조성할 것이다.

문재인 정부는 '언 발에 오줌 누기'를 계속할 것이고, 모든 부담을 다음 정부로 넘길 것이다. 여당인 민주당은 어찌 할 바를 몰라 우왕좌왕하고 선거가 걸려 있으니 당장의 포퓰리즘으로 대응할 것이다. 1997년을 연상케 하는 분위기도 느낄 것이다.

국민은 새로운 지도자, 이 난국을 쾌도난마快刀亂麻로 타개할 강력한 지도자의 이미지를 가진 사람을 원할 것이다. 기존의 정치인 스타일과는 전혀 다른 지도자를 원할 것이다. 그런 분위기가 자연스레 돌 것이다. 카리스마 넘치는 이미지가 그 어느 때보다 중요할 것이다.

5. 놀랄만한 반전_反轉

소위 온건 친문들이 윤석열을 선택하는 상황이 올 것이다.

2021년 3월 상황으로는 말도 안 되는 소리 같을 것이다. 그러나 가능성이 있는 얘기다. 윤석열은 선거운동 과정에서 문재인에 대한 정치보복 질문을 끊임없이 받을 것이다. 삼척동자도 다 아는 윤석열에 대한 문재인 정권의 박해와 모욕. 그러니 윤석열이 대통령이 된다면 문재인에 대한 사법적 정치적 심판이 기다리고 있을 거라 쉽게 예상할 수 있을 것이다. 그런데 윤석열은 선거를 치르고 있는 현실 정치인인 상황이다. 전두환과 노태우를 사면하겠다고 할 수밖에 없었던 1997년의 김대중의 선택을 답습할 수밖에 없을 것이다.

반면, 이재명은 노무현이 대북송금 특검을 실시해서 박지원을 비롯해서 DJ의 수족을 모두 감옥에 보내는 악몽을 떠올리게 할 것이다. 당시에도 이회창이 대통령에 당선되었으면 대북송금 특검은 애초에 없었을 것이다.

소위 친문 홍위병을 비롯해서 문재인을 무조건 아끼는 많은 사람들은 문재인의 퇴임 후를 걱정해야 하는 심리가 생길 것이고 대선이 가까워 져 올수록 그 분위기는 광범위하게 퍼질 것이다. 이때 아이러니하게도 20년 전의 '노무현의 역설'이 떠올라 '온건 친문'들을 중심으로 윤석열을 지지하게 될 것이다. 공개적으로 하진 못해도 적어도 보험 정도는 들고 싶은 욕구가 강하게 형성될 것이다.

6. 이재명의 원맨쇼

이재명의 원맨쇼가 이어질 것이다. 민주당과 이재명은 불협화음을 낼 것이다. 이재명이 강하기도 하고 원래 진보는 분열로 망하는 법이기 때문이다. 경선 과정에서 기본소득에 대한 찬반으로 나뉘어 서로 싸웠는

데 이재명이 후보가 되었다고 해서 갑자기 기본소득을 당론으로 정하기도 힘들다.

기본소득이란 것이 정치적으로 이재명의 것이 되어버렸기에 다른 주자들은 반대할 수밖에 없는 이슈였다. 이뿐만 아니라, 이재명이 내세우는 이슈란 것이 하나같이 강하다 보니 그걸 당에서 전폭적으로 지지하기도 힘든 상황이 계속 이어질 것이다.

결국 이재명의 원맨쇼가 불가피해진다. 오히려 자연스럽게 된다. 이때 이재명의 천재성이 발휘될 것이다. '신용도와 관계없이 전 국민 천만 원 대출'과 같은 대단한 이슈를 만들어 낼 것이다. 선거 정국을 주도하는 자는 이재명이 될 것이다. 이재명의 진정성과 정치적 감각이 부각되는 시기가 올 것이다.

7. 조국, 추미애 등의 활약

조국, 추미애를 비롯한 여권 내 윤석열 극렬반대파들의 활약이 있을 것이다. 이들은 윤석열이 대통령이 되는 것으로 자신들의 정치적, 사회적 인생은 거의 끝나는 것이기에 악착같이 윤석열을 헐뜯으려 들 것이다. 그런데 그 내용이란 것이 구체적 실체는 이미 더 나올 것이 없기에 각종 추측성 험담과 인신공격에 그칠 것이다. 대체로 어거지 스타일일 것이다. 그것이 자신들이 할 수 있는 역할이라고 생각하기에 일부 민주당 강성 지지자들에게만 환호받을 발언들을 갈수록 강하게 할 것이다.

이들의 선정적인 발언들은 포털사이트에서 기사화되어 계속 국민에게 전달되어 공분公憤을 일으키게 될 것이다. 그리고 당연히 이는 검찰총장 재직 시 추미애가 윤석열에게 모질게 할수록 윤석열의 지지율이 올랐던 것과 비슷한 패턴으로 나타날 것이다. 다시 말해서, 그들의 발언은 윤석열의 선거운동에 상당한 보탬이 될 것이다.

에필로그

1. 윤석열이 대통령이 된 날

윤석열은 그야말로 문재인이 낳고 조국과 추미애가 키운 셈이 됐다. 그리고 민주당 초선 강경파들이 내공을 불어 넣어 단련시켜줬다. 윤석열이 검찰총장으로 발표된 순간부터 사퇴할 때까지 문재인과 조국, 추미애, 민주당 내 소위 검찰개혁에 올인하는 초선들, 박범계 등이 주역을 맡아 윤석열 '거목 만들기'에 나섰다.

민주당의 오만과 독선이 그를 거물 정치인, 대선급 주자, 여론조사 1위를 만들었다. 민주당의 짧은 생각과 초조함이 그를 조기 사퇴와 정계 진출의 단초를 제공했다. 그리고 민주당과 청와대의 자가당착과 꼬여버린 속셈이 윤석열을 대통령까지 만들었다.

◇ 오도 가도, 이도 저도 못 하게 된 민주당

중대범죄수사청이라는 독배를 들어 버렸다. 자신이 제조해 놓은 독이 든 술잔을 건넸는데 네가 먼저 마셔보라는 말을 듣고 술잔을 든 채 어쩔 줄 모르는 형국이 되어버렸다.

중수청은 민주당과 열린민주당 내, 검찰을 원수로 생각하는 이들이 작당하여 만들려던 기관이다. 시작부터가 순수하지 못했다. 윤석열의 징계가 법원에서 사실상 무효 판결을 받은 시점에서 법안 발의하겠다는 선전포고가 불거져 나왔다. 명백한 윤석열 죽이기였다. 윤석열에 대한 징계가 법원에서 인정되었다면 중수청은 아예 언급조차 되지 않았을 것이었기 때문이다. 공개적으로 윤석열 때문에 이런 법안을 낸다고 여당 국회의원이 대놓고 말하기도 했다. 윤석열에게 니가 안 나가면 니 가족을 처절하게 고통받게 할 거라고 협박하는 것 같았다. 그리고 실제 두 달 만에 180석의 힘을 보여주겠다면서 검찰 해체 법안을 발의하기 시작했다. 윤석열에게는 선택지가 없었다. 중수청을 막고 검찰을 해체하려는 시도를 그만두게 할 수 있다면 직을 100번이라도 걸겠다고 했다. 그러고 사퇴했다. 현실적으로 할 수 있는 일이 그것밖에는 없었다.

총장 사퇴 시점부터 돌아보면, 중수청 논란은 윤석열에게 유리하게만 돌아갔다. 민주당은 자가당착에 빠진 셈이 되었다. 고위공직자수사처는 수사권과 기소권을 가졌는데 검찰은 기소와 공소 유지만 하라는 이율배반적인 주장을 하고 있는 셈이 된 것이다. 이뿐만 아니라, 중수청에 대한 여론이 계속 안 좋아지니 추진을 할 수도 없었다. 그러다 보니 윤석열 찍어내기용이었다는 속셈이 드러난 것이다. 그래서 강경파 중에서 목소리를 조금 내긴 했는데 오히려 그것은 윤석열의 대통령 출마 명분으로 작용했다. 중수청 추진은 부패 완판, 헌법 수호 등등의 윤석열 주장에 오히려 힘을 실어주게 되었다. 마지막까지 민주당의 '초조한 근시안적 아마추어'들은 윤석열을 '도와줬다'.

◇ 예정된 오늘인가

문재인이 "야당 복은 타고 났다"라는 말이 그의 임기 내내 회자膾炙됐다. 그런데 그 복을 넝쿨째 받은 사람은 결국 윤석열이었다. 윤석열은 이미 정치적 발언을 전혀 하지 않은 상태에서도 지지율 1위를 할 정도로 총장 재임 시절부터 인기를 구가했는데 그 결정적인 이유가 야권에 소위 '깜'이 없었기 때문이었다.

문재인 정부의 온갖 실정失政에도 불구하고 그것을 받아 안을 수 있는 그릇이라고 느껴지는 사람이 없었다는 점이 윤석열을 정치로 불러낸 것이었다.

윤석열은 본격적으로 정치에 뛰어든 후 우려와 다르게 빠른 적응력과 나름 준비된 지도자의 모습을 보였다. 특히 국민과 소통을 잘할 것이라는 예상, 그리고 권력을 분산하겠다는 공약, 문재인 정권에 대한 정치적 보복을 하지 않겠다는 약속이 통했다. 경제 분야 부동산 분야에서도 각계 전문가들과 충분히 소통해서 유능한 정부가 될 것이라는 믿음도 주었다. 그리고 안철수와 유승민, 김종인 등 경제 분야에서 유능한 이미지의 정치인들과 한 팀이 되어 어필한 것이 효과를 보았다. 1997년 김대중, 김종필, 박태준의 DJT연합을 생각나게 했다.

국민도 모험을 한 것이다. 정치 경험 한번 없는 검사 출신을 대통령으로 뽑아 놓았으니. 사실 그만큼 문재인 정부의 실정失政이 크고 깊었다는 방증일 것이다. 윤석열은, 국정 운영을 함에 있어 전 정부로부터 이어받을 것은 이어받되 유능한 정부 공정한 사회를 만드는 데 진력해 줄 것으로 국민은 믿고 있다.

2. 이재명이 대통령이 된 날

까마득한 날에
하늘이 처음 열리고
어데 닭 우는 소리 들렸으랴

모든 산맥들이
바다를 연모해 휘달릴 때도

차마 이곳을 범하던 못하였으리라

끊임없는 광음을
부지런한 계절이 피어선 지고
큰 강물이 비로소 길을 열었다

지금 눈 나리고
매화 향기 홀로 아득하니
내 여기 가난한 노래의 씨를 뿌려라

다시 천고의 뒤에
백마 타고 오는 초인이 있어
이 광야에서 목놓아 부르게 하리라

이재명이 대통령이 되어야 한다고 생각하는 사람들은, 이육사의 〈광
야〉에 나오는 초인超人을 잠재의식 속에 떠올리고 있었다고 봐야 한다.

문제
무엇이 문제인가
가는 곳 모르면서 그저 달리고만 있었던 거야

잠자는 하늘님이여

이제 그만 일어나요

그 옛날 하늘빛처럼 조율 한번 해 주세요

- 가수 한영애의 〈조율〉 중에서-

하늘님이 재림해서 이 나라를 확 흔들어 바로 잡아 주기를 바라는 사람들이 얼마나 많은가. 하늘님의 일꾼으로 이재명이 적임자라고 생각한 사람들이 그에게 희망을 걸었다.

삶이 힘들수록 '메시아'를 기다린다. "이건 아닌데…." 하면서도 자신은 힘도 없고 할 수 있는 일이라곤 몇 년에 한 번씩 투표장에 가는 일밖엔 없는 사람들. 그러나 세상이 확 바뀌어야 한다고 생각은 하는 사람들. 고로 그걸 해줄 수 있는 사람을 찾는 일. 그게 투표의 정의定義인 사람들이 의외로 많다. 그들 사이에서 이재명이 대안이 되었다.

민주당 경선은 생각보다 쉬웠다. 상대 후보들이 뭐 특별한 것이 없었다. 인물들 자체도 전혀 새롭지 않았다. 강한 이슈를 만들어내지 못하고 문재인을 지키겠다는 식으로 일관했다. 소위 친문 세력에만 기대려 하는 모습을 국민도 다 알았다. 이재명은 일반 국민들과 민주당원 사이에 골고루 지지를 얻었다. 특히 호남이 이재명으로 돌아선 것이 결정적이었다. 2002년 노무현을 연상시킬 정도였다.

본선으로 가서는 현 정권의 실정을 비판하면서도 보수당 계열은 찍지 않은 사람들의 대안이 이재명이었다. 30대, 40대 중에선 보수당 계열 정당엔 단 한 번도 투표하지 않은 사람들이 아주 많다. 그들에게 이재명이 대안으로 인정받은 것이다. 민주당이지만 민주당과는 결이 다른 정치를 할 것 같은 사람으로 인식되었다.

이재명의 일관된 소신이 통했다. 기본소득을 줄기차게 외쳤다. 그리고 이재명의 상징 중 하나가 되어버린, '신용 무관 전 국민 1,000만 원 대출' 공약이 제대로 먹혔다. 감히 다른 후보들은 반대인지 찬성인지도 모를 어정쩡한 반대를 하면서 이재명을 돕는 꼴이 되었다. 선거 기간 내내 이 이슈는 계속 덩치를 키웠다. 은행을 통해야 하는 일이기 때문에 이재명도 조심스럽긴 했지만 그래도 강하게 주장했다. 호응이 있고 명분이 있었기에 밀어붙였다. 이재명다웠다. 이 공약은 효과 면에서 역대 공약 중 몇 손가락 안에 드는 대단한 발상이었다. 그리고 행정수도 이전에 버금갈 정도로 국가 전체에 상당한 파급 효과를 가져올 것으로 예상된다.

3. 공정만이 살 길

최순실의 입시 비리, 조국 가족의 입시 문서 조작, LH공사 직원들의 사전 개발 정보 이용 땅 투기, 청와대 직원들의 다주택 투기들, 이런 것들이 서민들에게 주는 박탈감은 상당하다. 사회를 유지하고 있는 기둥과 대들보가 흔들릴 수 있다. 갈수록 계층 간 격차가 커지고 있다. 그런데 그 계층 사다리를 올라가는 방법이 반칙과 술수밖에 없다고 생각하는 사람들이 많아진다면 그 사회는 어떻게 되겠는가.

공정이란 시대과제를 해결하지 못하고 이대로 불신사회가 더 심화된다면 나라의 미래는 암울할 수밖에 없다. 반대로 공정한 사회 분위기를 조성하고 신뢰사회를 만들 수 있다면 그건 국민 행복과 선진국, 두 마리 토끼를 잡는 지름길이다. 지도자를 잘 뽑아야 하는 이유가 여기에 있다. 그리고 내가 이 책을 쓴 목적도 같다.

2021년 현재 한국은 부동산 투기 공화국이다. 청소년들 장래희망에 건물주와 연예인이 1등을 다툰다. 소말리아라는 나라에서는 국민이 절대 빈곤에서 허덕이는데 해적들만 돈을 많이 번단다. 그러다 보니 어린이들 꿈이 해적이라고 한다. 우리나라도 크게 다르지 않다. 기업들도 혁신을 통한 가치 창출을 하려고 하지 않고 투기를 한다. 개인도 마찬가지다. 중위소득이 220만 원(2018년)밖에 안 되는 나라다. 서울에 있는 아파트값이 불과 몇 년 만에 3억에서 20억씩 올랐다. 거의 모든 아파트가 그 정도 올랐다. 3인 가족이 살기에 비좁은 아파트, 강북 골짜기에 있는 아파트 가릴 것 없이 올랐다. 오른 액수로만 보자면 아파트 지어지고 오른 가격 모두 합친 것보다 더 올랐다. 이런 상황에서 월 220만 원 수입으로 근로 의욕이 고취 되겠는가? 20~40대를 중심으로 주식 등 한탕주의에 빠지는 사람들이 폭발적으로 늘어날 것이 확실시된다.

이런 현실 앞에 인재들이 벤처기업을 하고 제조업에 뛰어들기를 바랄 수 있나? 부동산 투기판에 머리 좋은 사람들이 몰려드는 것이 자연스러운 환경이다. 소말리아에서 인재들이 해적질에 나서는 것과 이치는 똑같다. 공정과 철학이 없는 사회에서 아주 흔하게 벌어지는 풍경 아니겠는가. 오로지 맹목적 배금주의가 판을 칠 뿐이다. 이런 나라가 망해가는 것이 이상한 일인가?

우리나라에서 과학 분야 노벨상이 나오지 않는 이유는 과도한 의대 선호 경향 때문이라는 분석이 설득력 있게 들린다. 공정한 사회가 아니니 뭘 해도 안 된다는 분위기가 팽배하다. 절대 사업하지 말라는 충고가 만연된 사회다. 실제로 투자도 정부 주도로만 이루어질 뿐, 민간에서 개인들이 리스크를 감수하고 될성싶다 싶으면 과감히 투자하는 분위기는 찾아보기 힘들다. 주식과 부동산, 소위 돈 놓고 돈 먹기 분야에 돈이 몰린다. 산업 현장으로 투자가 들어오지 않는다. 그런 사회에서 그나마 안정적으로 살아갈 수 있는 확실한 보장을 받은 직업이 의사다. 지금 고등학교 분위기는 적성이고 뭐고 일단 의대에 갈 수 있는 실력이면 거의 무조건 의대를 지망한다. 전체 수험생을 성적순으로 세워 놓고 먼저 의대 정원 숫자를 떼어내고 시작한다. 이런 나라는 우리나라가 유일하다고 한다. 이러니 똑똑한 애들 데려다가 바보 만드는 데가 한국의대라는 말이 공공연하다. 의사야말로 적성이 요구되는 대표적인 직업군인데 이게 뭔가. 개인도 불행하고 국가와 사회도 손해다. 근본을 파고 들어가 보면 '공정하지 못한 사회 분위기 만연'이라는 뿌리에 당도하게 된다.

내가 윤석열하고 이재명에 주목한 이유가 여기에 있다. 대한민국! 근본적인 개조가 필요한 상황이기 때문이다. 지금으로선 저 두 인물이 가장 기대해 볼 만하다고 생각했다. 이는 그 둘이 지지율이 가장 높아서가 아니다. '공정', '대개조大改造'라는 관점에서 보았을 때 가장 적합한 인물이기 때문이었다. 그래서 만화 같은 공상을 해보자면, 누가 대통령이 되더라도 서로 협력했으면 좋겠다. 공정한 대한민국의 미래를 위하여.

4. 유능하시라! 제발

대한민국 대통령은 대법원장을 비롯하여 기라성 같은 요직만 무려 3,000여 개를 직접 임명할 수 있다. 좀 더 범위를 넓히면 7,000개 정도를 의도대로 할 수 있다고 한다. '낙하산'은 말할 것도 없고 승진과 보직에 대한 영향력을 생각해보면 수백만 명의 인생이 그의 말 한마디에 달라진다.

대통령 마음대로 할 수 있는 것이 많지 않다는 식의 말도 안 되는 소리는 제발 하지 마시라. 차라리 나는 꼭두각시예요, 내 뒤엔 나를 조종하는 조직이 있다고 하라. 그러면 솔직하다는 평가라도 받는다.

미국 제3대 대통령 토마스 제퍼슨은 "신문 없는 정부보다 정부 없는 신문을 택하겠다"라고 했다. 언론의 역할과 존재 이유를 강조할 때 자주 인용되는 말이다. 정부 최고 수장이 말하니까 더 무게가 있어 보였다. 정부가 중요하지 않다는 말이 아니라 언론이 그만큼 소중하다는 뜻이리라. 비유가 좀 멀리 간 측면도 있지만, 나는 '착하고 무능한 지도자보다 흠결이 좀 있더라도 유능한 지도자가 더 낫다'라고 생각한다. 이런 말을 하는 것은 언론과 정부가 상호 찰떡궁합 되는 것이 힘든 구조를 가진 것처럼, 지고지순함과 유능은 공존하기가 쉽지 않다는 것을 경험칙으로 알고 있기 때문이다. 다시 말하지만, 지도자가 도덕적이지 않아도 좋다는 의미가 아니라, 그 정도로 지도자의 덕목으로 '유능'이 중요하다는 것을 강조하고 싶은 것이다. 또한 어느 정도의 흠결은 그것을 덮을 만한 능력이 담보된다면 용인해줘야 한다는 의미이기도 하다.

아파트값을 안정시키지 못한다면, 구체적으로 문재인 정부 이전으로 돌리지 못한다면 대한민국의 미래는 아예 암흑이다. 강남의 아파트값은 서울시장 연봉 30%를 저축해도 100년이 넘게 걸린다. 성실하게 열심히 일하려는 의욕을 꺾어버리는 사회 분위기가 가장 큰 문제고 결혼과 출산을 포기하게 만들었다는 것이 결정타다.

무능한 정권은 자신들이 뭘 잘못했는지 모른다는 공통점이 있다. 평생 노동운동을 하고 인정받아 온 사람, 시민운동가 출신의 지도자가 단 한순간의 잘못으로 평생 쌓아올린 모든 것을 잃어버린 사례를 2021년 전후로 여러 명 보고 있다.

백 가지 잘한 일이 있다손 치더라도 도저히 묵과할 수 없는 잘못을 저질렀다면 그 마지막 한 가지가 그 사람의 인생을 대변代辯해 버린다. 정권이라고 다를까. 자신들이 잘했다고 생각하는 것은 침소봉대針小棒大하고 잘못한 것들은 어물쩍 넘어가고 싶은 것은 인지상정이라고 쳐도 역린逆鱗이란 것이 있는 법이다. 절대 건드리지 말아야 할 사안 말이다.

국민에게 역린이 무엇이겠는가. 가장 대표적인 것 세 가지가 있다. 먹고 사는 문제, 입시 문제, 부동산(아파트)이다.

이 세 가지 분야 중에서 한 가지라도 실패한다면 그 정도에 따라 정권의 성격이 정해져 버릴 것이다. "김영삼은 IMF", "박근혜는 최순실" 이런 식으로 말이다. 만약 큰 반전反轉 없이 이대로 문재인 정부가 끝난다면 "문재인은 부동산"이 될 가능성이 농후하다.

제발 유능하시라. 당신의 능력에 반만년의 역사, 그리고 5,000만, 나아가 7,500만의 운명과 미래가 달려 있다.

사(私)필로그

이 책은 이재명과 윤석열이 각각 한 자릿수 지지율일 때 기획됐다. 이재명이 몇 달 먼저, 윤석열이 그다음.

내가 〈노무현 대통령 만들기〉를 기획했을 때는 노무현의 지지율이 2%였다. 그야말로 국가와 역사를 위해 뭐라도 하고픈, '순수한 애국청년'이 열정 하나만으로 썼던 것 같다. 나름 혜안으로.

이재명에게서 시대정신을 보았다. 그런데 솔직하게 말하자면, '노무현'을 느끼게 하기엔 부족했다. 그래서 〈이재명 대통령 만들기〉가 아니고 〈안익준, 대통령 만들기〉가 되었다. 윤석열도 마찬가지였다. 불안했다. 심지어 정치를 할 것인지조차도 불투명했기에 더욱 그랬다.

김한길 전 새정치민주연합 대표가 이런 말을 했다.

"일본에서 7살까지 살았는데 '조센징'이라 놀림 받았다. 그런데 한국에 와서 초등학교에 갔는데 이번엔 '쪽바리'라 불렸다."

나도 자칫 김한길 전 대표와 비슷한 경험을 하게 될지도 모르겠다. 편

가르기로 내 편이냐 아니냐만 따지는 정치꾼들에겐 내가 '조센징'이나 '쪽바리'처럼 보일 것이기 때문이다.

'두려움을 용기로 바꿔서' 그냥 나는 내가 되기로 했다. 세상을 바꾸는 데 내 방식대로 역할을 하기로 한 것이다.

1963년 마틴 루서 킹 목사는 저 유명한 연설 〈I Have a Dream〉에서 이렇게 말한다. "나에게는 꿈이 있습니다. 나의 네 자녀가 피부색이 아니라 인격에 따라 평가받는 나라에서 살게 되는 날이 오리라는 꿈입니다."

노무현이 꿈꾼 나라는 아마 지역을 포함한 모든 것에 차별이 없고, 공정하고 합리적인 나라였을 것이다. 나도 비슷하다. 공정과 합리와 정의를 바탕으로 발전하는 세상이어야 하며, 경제와 문화가 풍요로운 세상이어야 한다.

이 책이, 노무현과 나의 이상적인 세상을 만드는 데 결정적인 키를 쥐게 될, 대한민국 20대 대통령의 탄생에 크게 기여하기를 소망한다.

〈안익준, 대통령 만들기〉를 5년마다 계속 낼 계획이다.

계획대로 진행되기 위해선, 선하고 능력 있는 변호사이자 현모양처

김인숙, 아빠 닮아 유머러스한. 185에 111킬로 효자 안유선, 성격 아주 좋고 똑똑한 데다 福까지 몰고 다니는 장녀 안유민, 천재성으로 인류 발전에 기여할 차남 안유찬의 지지와 응원이 필요하다.